これからの子ども・子育て支援を考える

―― 共生社会の創出をめざして ――

柏女霊峰
［著］

ミネルヴァ書房

はしがき

二〇一五年度に子ども・子育て支援制度が創設されてから二年が経ち、二〇一六年度には、七〇年ぶりに児童福祉法の理念も改正された。子ども・子育て支援の大きな転換期にあたり、筆者は、この一年半、子ども・子育て支援制度創設以降の子ども家庭福祉各分野の今後の在り方について、求めに応ずるままに小論を執筆してきた。

これらの小論は、それぞれ何の脈絡もなく依頼されて書き綴ったものではあるが、いま読み返してみると、筆者のライフワークが子ども家庭福祉サービス供給体制の在り方研究ということもあり、各論点は、それぞれの領域を超えてクロスオーバーしていることを改めて実感することができた。本書はそうした小論をもとに一冊にまとめ、大幅に加筆したものである。子ども・子育て支援制度創設を基点としているため、前著との重複も多くなっている。しかし、前著にはないこれからの視点も提示している。

序章は、今後の方向として、社会福祉の他分野がめざしている方向と同様、地域における包括的、一元的な体制整備を子ども家庭福祉分野に持ち込む可能性について論じている。そのうえで、二〇一六年改正児童福祉法の意義と残された課題と、その克服のための提案を検討した。共生社会創出のための子ども家庭福祉の地域における包括的・継続的支援体制整備を提言すること、それが本書の中心テーマである。続いて、第1章では、改めて子ども・子育て支援制度の概要と意義についてまとめている。ここまでがいわば総論である。

続いて、第2章から第9章までは各論である。第2章では子ども・子育て支援制度創設を機に、改めて保育サービスの福祉的意義について論じている。第3章では、待機児童対策の主要な阻害要因の一つである保育士不足解消のための方策について、保育士資格の在り方の検討の必要性を論じている。根本からの検討がなければ、本末転倒の結果を招来するとの危惧からである。さらに、保育士として大切にすべきことを保育所保育指針の人間観、保育観から論じた。第4章においては、幼保連携型認定こども園教育・保育要領を素材として、乳幼児期におけるいわゆる「保育」と「教育」という用語の概念整理を進めている。結論的には、乳幼児期には、保育という用語を使うことの大切さを説いている。

第5章は、地域子育て家庭支援についてである。本章では、地域子育て家庭支援政策の経緯をたどりつつ、子ども・子育て支援制度を機に創設された利用者支援事業の意義についても論じている。また、民間の制度外活動も含めた地域子育て支援ネットワークの意義とつくり方について、筆者の地元で進められている子育てネットワークを事例として論じている。

第6章では、子ども育成施策の主たる論点である放課後児童クラブについて、主として子ども・子育て支援制度後の在り方について論じている。また、放課後児童クラブの運営指針並びにその解説書づくりの調査研究に携わったことから、運営指針の読み解き方についても解説している。第7章は、障害児支援の今後の方向性を論じたものである。これまでの動向を整理するとともに、二〇一六年改正児童福祉法による法改正事項についても整理している。障害児支援を子ども・子育て支援の後方支援と位置づけた意義について考察している。そして、第8章は社会的養護の動向についてまとめている。これについては、現在、政府において検討が進められている最中でもあり、子ども・子育て支援制度創設における到達点と今後の課題、方向性を中心に論じている。それが、今後の検討の羅針盤になるとの考えからである。

そして、第9章においては、今後の少子化と子どもの育成を見込み、筆者らがこれまで主張してきた「基本保育」制度創設の観点から、新しい事業の企画を提案している。本事業については石川県においてモデル的に先行実施しており、現在、その評価を進めているところである。今後、出生数の減少は避けられない。地方創生やいわゆる「地域共生社会」づくりも大きな課題である。新しい時代に対応する子ども・子育て支援はどうあるべきか、また、「社会的養育」の在り方はどのように考えるべきか、真剣な検討が求められている。

最後に、終章においては、混迷している感のある就学前保育改革に対して改めて羅針盤をつくる必要性を論じ、その方向性を確認している。また、子ども・子育て支援制度が生み出した方向性である教育と福祉の融合について、幼保連携型認定こども園を例として論じた。その他、社会づくりの視点から、今後の子ども家庭福祉の方向性を論じている。

本書は、子ども・子育て支援制度創設を機にこれからの子ども・子育て支援を包括的に考えるための素材としての意義をもつものであり、全体を通してご一読いただくことにより、それが見えてくるのではないかと思っている。子どもの権利条約やソーシャル・インクルージョンなど全体を通底する基本的理念や重要報告書などは各章で重複することがあるが、関心分野から読み始める読者の利便を図る意図があり、ご容赦いただきたい。

本書が、多くの方々に読まれ、次世代の子ども・子育て支援サービスの新たな展開が進むことを願っている。

二〇一七年二月

柏女霊峰

これからの子ども・子育て支援を考える——共生社会の創出をめざして

目次

はしがき

序　章　共生社会創出のための子ども家庭福祉サービスを考える

1　子ども家庭福祉分野のサービス供給体制の特徴

社会福祉において、当事者の尊厳の保持と権利の保障・権利擁護は近年の二大潮流といえる。個人の生命や尊厳を奪う行為である虐待から利用者を守り、その権利を擁護する仕組みづくりがその一つである。子ども家庭福祉分野においても、子ども虐待防止と地域子育て支援を中心として、介入と支援の政策が進む。二〇一六年改正児童福祉法[1]や子ども・子育て支援法もこの

(1)　ここでいう、二〇一六年改正児童福祉法は、二〇一六年六月三日公布法六三号によるもので、すべての児童が健全に育成されるよう、児童虐待について発生予防から自立支援までの一連の対策のさらなる強化等を図るため、児童福祉法の理念の明確化とともに、市町村及び児童相談所の体制の強化などについて改正が行われた。詳細は本章「5　二〇一六年改正児童福祉法がめざすもの」も参照。なお、二〇一六年には、障害者総合支援法改正に伴う児童福祉法改正もなされてい

視点に立つ。

一方で、社会福祉における利用者、当事者の尊厳への注目は、二〇〇〇年の社会福祉基礎構造改革に特徴的である。社会福祉基礎構造改革とは、今後の社会福祉ニーズの増大、多様化に対応し、かつ、利用者の尊厳と選択を尊重した社会福祉制度を構築するため、二〇〇〇年に実施された社会福祉の基礎構造を変革するための大改革のことである。社会福祉事業法を大幅に改正して社会福祉法とするなど多くの法律改正により、①個人の尊厳を基本とし、その選択を尊重した制度の確立、②質の高い福祉サービスの拡充、③地域での生活を相互的に支援するための地域福祉の充実の三点をめざすものである。この流れは、二〇〇〇年度の介護保険制度施行、二〇〇三年度の支援費制度を経て二〇〇六年度に施行された障害者施設等給付制度に引き継がれ、二〇一五年度の子ども・子育て支援制度[2]の施行に結びつく。しかしながら、子ども家庭福祉分野は、いまだに都道府県と市町村に二元化され、職権保護を色濃く残す体制が継続している。

2　共生社会創出の原理と子ども家庭福祉

現在の福祉課題・生活課題は、分野を問わず、つながりの喪失とその結果引き起こされる社会的孤立といったことと関わりが深い。これに対処するためには、「共生」、「ソーシャル・インクルージョン（社会的包摂）」といった原理や政策方針を確認すべきである。

共生について

福祉国家とはジャンボジェット機に似ている。強力なエンジンと大きな翼がないと飛ばない。強力な経済力というエンジンのほかに、社会連帯という翼が必要なのである。これが細ってきているのが現代であるといえる。その根底には、「共生」の喪失がある。

「共生」とは、現代国語辞典によれば、異種類の生物が同じところに棲み、互いに利害をともにしている生活様式をいう。また福祉社会づくりという視点から捉えた場合、共生とは、人間社会における各種の営みを「関係を生きる」共生の視点から捉えることであり、また、「共生」を形づくることのできる社会の仕組みや土壌を構築する営みを考えることである。さらに、

る。そちらについては、本書第7章を参照。

（2）子ども・子育て支援制度は、制度発足前は子ども・子育て支援新制度と呼称されていたが、子ども・子育て支援法施行後は、子ども・子育て支援法に基づく基本指針により「子ども・子育て支援制度」と総称される。したがって、本書では、政府としてしばらくは子ども・子育て支援新制度の通称を用いるとしても、「子ども・子育て支援制度」の用語を用いることとする。そのほうが、介護保険法に基づく介護保険制度やいわゆる障害者総合支援法に基づく障害者施設等給付制度との対比が明確化されると考えるからである。

対人援助や社会福祉における共生論とは、援助関係や社会福祉という事象を共生の視点から考えることをいう。

「共生」の喪失を取り戻すかのように、「共生」は一種の流行語のように、近年では、生活や政策を語るときの常套句として使用される。内閣府「共生社会」政策統括官といった行政部署名として使用されたり、「……、相互に人格と個性を尊重しあいながら共生する社会を実現するため、……」（障害者の日常生活及び社会生活を総合的に支援するための法律第一条の二）など法律用語として使用されたりもしている。政府関係報告書にも随所にみられている。[3] さらに、「社会福祉学を学ぶことは、…（中略）…、社会の連帯に基づいた共生社会の実現に貢献しうる市民の育成に必要な基礎を提供するものである」との表現にみられるとおり、[4] 社会福祉学や専門職養成においても、重要な目的概念として使用されている。さらに、厚生労働省・新たな福祉サービスシステム等のあり方検討プロジェクトチーム（二〇一五年：二頁）は、政策的視点から、福祉の世界における共生社会の実現について「高齢者、障害者、児童、生活困窮者等、すべての人が世代やその背景を問わずに共に生き生きと生活を送ることができ、また、自然と地域の人々が集まる機会が増え、地域のコミュニティが活発に活動できる社会の実現」と規定している。

しかし、その定義は定まったものがなく、諸書においても、明確な定義のもとに使用されているわけではない。ここでは、内閣府の研究会[5]が引用した代表的な定義である寺田（二〇〇三年：六〇頁）の定義「人々が文化的に対等な立場であることを前提とし、その上で、相互理解と尊重に基づき、自―他の相互関係を再構築するプロセスであり、それと同時に、双方のアイデンティティを再編するプロセスである」を引用するにとどめておきたい[6]。

ソーシャル・インクルージョンについて

ソーシャル・インクルージョン（social inclusion：社会的包摂）とは、イギリス、フランスなどにおける近年の社会福祉再編の基本理念のひとつであり、失業者、ホームレスなど社会的に排除されている人びとの市民権を回復し、公的扶助や就労機会の提供等を通じて、再び社会に

（3）　たとえば、内閣府・共生社会形成促進のための政策研究会「『ともに生きる新たな結び合い』の提唱」二〇〇五年や文部科学省中央教育審議会初等中等教育分科会特別支援教育の在り方に関する特別委員会「共生社会の形成に向けたインクルーシブ教育システム構築のための特別支援教育の推進（報告）」二〇一二年などがある。

（4）　日本学術会議社会学委員会社会福祉学分野の参照基準検討委員会「大学教育の分野別質保障のための教育課程編成上の参照基準――社会福祉学分野」二〇一五年、三頁。

（5）　内閣府・共生社会形成促進のための政策研究会「『ともに生きる新たな結び合い』の提唱」二〇〇五年、一三頁。

（6）　「共生」の定義と意義、特に、仏教社会福祉からみた共生の考え方については、拙稿「社会福祉と共生――仏教における共生の視点から考える社会福祉の可能性」『淑徳大学大学院総合福祉研究科研究紀要』第二三号、二〇一六年を参照されたい。

参入することを目標とする考え方のことである。わが国において政策目標としてのソーシャル・インクルージョンが注目されたのは、二〇〇〇年に報告された「社会的な援護を要する人々に対する社会福祉のあり方に関する検討会」報告書が嚆矢である。報告書は、「包み支え合う（ソーシャル・インクルージョン）ための社会福祉を模索する必要がある」と述べ、新しい社会福祉の在り方を提示している。

具体的には、報告書は現代の社会福祉問題について、「従来、自助・共助として、個別の問題を受け止め、解決してきた家族や地域のつながりが希薄化し、また職域の援助機能も脆弱化している。一方、従来の価値観や生活習慣が崩れたことにより、個人が家族や近隣との接触・交流なしに生活できる社会になっている。このことは現代社会の成熟化に伴う特色であるとも考えられるが、一方この結果、孤立、孤独や社会的排除に伴う課題に直面した場合に問題解決が難しくなっている」とし、これからは、「今日的な『つながり』の再構築を図り、全ての人々を孤独や孤立、排除や摩擦から援護し、健康で文化的な生活の実現につなげるよう、社会の構成員として包み支え合う（ソーシャル・インクルージョン）ための社会福祉を模索する必要がある。このため、公的制度の柔軟な対応を図り、地域社会での自発的支援の再構築が必要である」と述べている。つまり、社会的排除・摩擦、社会的孤立の問題のみならず、「制度に該当しない」「制度がうまく運用されていない」「制度にアクセスできない」「制度の存在を知らない」といった問題に、包括的に対応していくことの重要性を提起しているのである。

この用語は、子ども家庭福祉分野においても二〇一〇年子ども・子育てビジョン以降取り上げられ、子どもの貧困対策に連なっている。全国社会福祉協議会が二〇一〇年にまとめた「全社協　福祉ビジョン二〇一一」でも指摘されている。今後は、共生社会を創出するためのソーシャル・インクルージョンが強調されなければならない。

3　求められる横と縦の切れ目のない支援——地域包括支援体制の整備を

制度は切れ目が生じることが宿命である。インクルーシヴな社会づくりを実現するためには、切れ目を埋める民間の制度外活動を活性化し、制度内福祉と制度外活動との協働[7]が必要とされる。

(7)　たとえば、DV被害者等夫から逃れて転居を繰り返している親子は、地域や周囲とのつながりが途切れてしまい、孤立し、課題を抱えても誰も気づく人がいない。こうした親子に対しては、転居先の公的機関に対する情報の提供や具体的支援という公的サービスのほか、周囲の声掛けや訪問、ちょっとしたお手伝い、子どもの見守りといった地域住民や民間の制度外活動が欠かせないものとなる。こうした制度内福祉と制度外活動とがあいまって、制度から漏れやすい人々を包み込む社会が構築されるのである。

全国社会福祉協議会は、二〇一四年に「子どもの育ちを支える新たなプラットフォーム——みんなで取り組む地域の基盤づくり」と題する報告書を取りまとめている。報告書は筆者が委員長を務めた検討会が提出したもので、子ども・子育て支援制度の創設を機に制度上の課題と民間サイドの取組の視点を整理し、地域の基盤づくりとしてのプラットフォームの意義と想定される活動例を取り上げたものである。さらに、プラットフォームの基本機能並びにその立ち上げと展開に向けた具体的取組や手順を整理している。[8]なお、ここでいう「プラットフォーム」とは、社会福祉法人（福祉施設）、社会福祉協議会、NPO法人、民生委員・児童委員、ボランティア・市民活動グループ、自治会町内会等地縁組織、その他子ども・子育て支援に関する事業者団体、当事者組織などさまざまな組織・団体がそれぞれの活動理念や特性を発揮しながら、互いに連携しあい課題の解決にあたる共通の土台である。このプラットフォームを起点に、組織や団体が自発的に対等な立場で協働することで力が組み合わされ、個々の団体だけではできないより大きな力が発揮され、多様なニーズや課題に柔軟、迅速に対応することができる。こうしたプラットフォームと制度とがつながることによって、横向きの切れ目のない支援が実現する。

また、「子ども」期の特性は「有期性」である。始期については、妊娠期からの切れ目のない支援が必要とされる。二〇一六年改正児童福祉法において、母子保健法に児童虐待防止機能が付加されたこと、母子健康包括支援センター（子育て世代包括支援センター）が法定化されたことで、児童福祉法と母子保健法の近接が図られたことは評価される。終期については、特に社会的養護における一八歳の壁問題[9]の克服が課題である。この点は二〇一六年改正児童福祉法や二〇一七年度予算案において一定の進展をみた。こうした子ども期の前後をつなぐことで縦向きの切れ目のない支援が実現する。

縦横の切れ目をなくすために、子ども家庭福祉における地域包括的・継続的支援体制の整備が重要な課題である。子ども家庭福祉分野は、市町村と都道府県に実施体制が二元化され、教育分野との切れ目も深いため、包括的な支援体制がとりにくい。この点は、二〇一六年改正児童福祉法等においても、都道府県と市町村の役割分担の明記と両者の連携の強化にとどまった感がある。

（8）　プラットフォームの展開や運営などについては、本書第5章も参照。

（9）　児童福祉法においては施設入所期限が原則として一八歳到達後の年度末までとされるのに対して、民法に基づく契約年齢は二〇歳からとされていることや、一八歳を過ぎてからの施設入所措置や親権者の意に反する施設入所の更新ができないことなど、一八歳から二〇歳の間に制度の切れ目が生じていることをいう。二〇一六年改正児童福祉法において、その一部が埋められた。

4　子ども家庭福祉分野の「地域における包括的・継続的支援」の可能性

高齢者分野における地域包括ケアの経緯と特徴

二〇〇〇年から実施に移された社会福祉基礎構造改革の意義として、「地域での生活を総合的に支援するための地域福祉の充実」があげられる。また、社会福祉基礎構造改革と前後して検討が進められていた厚生労働省の「社会的な援護を要する人々に対する社会福祉のあり方に関する検討会」報告書（二〇〇〇年一二月）も、前述したとおり重要な意義をもつ。報告書は、イギリスやフランスで注目が集まっている政策目標である、いわゆるソーシャル・インクルージョン（社会的包摂）のわが国における適用等について論じている点で画期的な報告書である。

報告書においては、「包み支え合う（ソーシャル・インクルージョン）ための社会福祉」を実現する方法の一つとして、「地域社会におけるさまざまな制度、機関・団体の連携・つながりを築くことによる新たな「公」の創造」が提言されている。ここでいう「新たな公」とは「新しい公共」とも称され、地域のなかに官民の協働による支え合いのシステムを創造していくことを指している。本報告書は実態論からのアプローチをとって検討した報告書であるが、いわゆるソーシャル・インクルージョンや社会連帯に注目した政府の報告書として重要な位置づけをもつ。

そして、その後も、地域福祉関係では、この理念に基づく報告書の公表や施策の推進が続いている。たとえば、これからの地域福祉の在り方に関する研究会報告書「地域における『新たな支えあい』を求めて――住民と行政の協働による新しい福祉」（二〇〇八年）では、「個人の尊厳を尊重する視点から、個々人の生活全体に着目し、たとえ障害があっても、要介護状態になっても、できる限り地域の中でその人らしい暮らしができるような基盤を整備していく」ことの重要性が提言されている。そして、それに基づいて、民間と行政の協働をめざす「安心生活創造事業」などが創設されている。

同じ二〇〇八年には社会保障国民会議「第二分科会中間とりまとめ」において「社会的相互扶助（＝共助）のしくみ」の具体的対応として「地域における医療・介護・福祉の一体的提供（地域包括ケア）の実現」が提言されている。そのなかでは、「医療や介護のみならず、福祉サービスを含めたさまざまな生活支援サービスが、日常生活の場（日常生活圏域）で用意されていることが必要であり、同時に、サービスがバラバラに提供されるのではなく、包括的・継続的に提供できるような地域での体制（地域包括ケア）づくりが必要である」と述べられている。

この提言の翌年、二〇〇九年三月に取りまとめられた地域包括ケア研究会報告書においては、地域包括ケアシステムの定義が提案されている。すなわち、「ニーズに応じた住宅が提供されることを基本とした上で、生活上の安全・安心・健康を確保するために、医療や介護のみならず、福祉サービスを含めた様々な生活支援サービスが日常生活の場（日常生活圏域）で適切に提供できるような地域での体制」と定義され、地域包括ケア圏域として、『おおむね三〇分以内に駆け付けられる圏域』を理想的な圏域として定義し、具体的には、中学校区を基本とすることとしてはどうか」と提案している。この研究会は、その後も地域包括ケアシステムに関する諸課題についての研究を続けており、政策にも大きな影響を与え続けている。

二〇一三年三月の地域包括ケア研究会報告書（二〇一三年：一～六頁）では、地域包括ケアシステムを「高齢者の尊厳の保持と自立生活の支援の目的のもとで、可能な限り住み慣れた地域で生活を継続することができるような包括的な支援・サービス提供体制を構築すること」と表現し、これまでの報告書で提言してきた五つの構成要素を「介護・リハビリテーション」「医療・看護」「保健・予防」「住まいと住まい方」「生活支援・福祉サービス」[10]の五つに改めて整理している。また、その五つの構成要素の支え方として、「自助」「互助」「共助」「公助」の四つに整理し、それぞれ費用負担の主体という観点から定義している。そして、この四つは互いに排除しあう関係ではなく役割分担であり、また、相互に重複しあうことを確認している。つまり、この四つの重層構造による支援を提示している。さらに、こうした「地域内の住民に対して提供される『地域包括ケア』の概念そのものは、どの地域でも共通のものだが、そのシステムは地域の実情に応じて構築されるべきである」としている。

ちなみに、最初の地域包括ケア研究会報告書が二〇〇九年に提起されて以降、こうした議論や先駆的取組が展開されるなかで、二〇一一年の介護保険法等改正において、国及び地方公共団体が地域包括ケアシステムの構築に努めるべきとの規定が介護保険法に規定されている。その条文は、次のとおりである。

国及び地方公共団体は、被保険者が、可能な限り、住み慣れた地域でその有する能力に応じ自立した日常生活を営むことができるよう、保険給付に係る保健医療サービス及び福祉サービスに関する施策、要介護状態等となることの予防又は要介護状態等の軽減若しくは悪化の防止のための施策並びに地域における自立した日常生活の支援のための施策を、医療及び居住に関する施策との有機的な連携を図りつつ包括的に推進するよう努めなければならない。

（介護保険法第五条第三項）

---

(10)　地域包括ケア研究会の平成二七年度報告書「地域包括ケアシステムと地域マネジメント（地域包括ケアシステム構築に向けた制度及びサービスのあり方に関する研究事業報告書）」において、この用語は「介護予防・生活支援」と改められている。

そして、その後も、財政上の支援も含め地域包括ケアシステムの構築に向けた模索が続けられるとともに、地域の実情に応じた取組事例集[11]などもとりまとめられて現在に至っているのである。

子ども家庭福祉分野における「地域包括的・継続的支援」の可能性

地域包括ケアの提言と実施は、高齢者分野における援助体制整備の実践である。しかしながら、地域子育て家庭支援、さらには子ども家庭福祉全般にもあてはまる今後の方向として重要な視点であると考えられる。

前述のとおり、子ども家庭福祉分野は、市町村と都道府県に実施体制が二元化され、教育分野との切れ目も深いため、包括的、継続的（切れ目のない）支援体制がとりにくい点が特徴である。インクルーシヴな社会づくりを実現するためには、縦横の切れ目を埋める民間の制度外活動を活性化し、制度内福祉と制度外活動との協働が必要とされる。また、「子ども」期の特性である「有期性」を克服し、切れ目のない支援を実現するためには、子ども期の始期と終期の切れ目克服が必要とされる。

こうした子ども家庭福祉分野の縦横の切れ目や制度の隙間をなくすために、子ども家庭福祉においても「地域における包括的・継続的支援」（以下、「地域包括的・継続的支援」）の可能性を探り、その概念や支援の枠組みを検討することが重要である。その際、高齢者分野で展開されてきた地域包括ケアシステムづくりのノウハウが生かされる部分が大きいといえる。

ちなみに、子ども家庭福祉分野の「地域における包括的・継続的支援（「地域包括的・継続的支援」）の筆者による定義は、以下のとおりである。

「子ども家庭福祉分野における地域包括的・継続的支援体制とは、市町村域ないしは市内のいくつかの区域を基盤として、子どもの成長段階や問題によって制度間の切れ目の多い子ども家庭福祉問題に、多機関・多職種連携により包括的で継続的な支援を行い、問題の解決をめざすシステムづくりをいう。」

なお、子ども家庭福祉分野における地域包括的・継続的支援につながると考えられる制度として現存するものとしては、要保護児童対策地域協議会や自立支援協議会子ども部会、母子保健包括支援センター（子育て世代包括支援センター）、障害児相談支援事業（障害児相談支援専門

(11)　たとえば、厚生労働省ホームページには「地域包括ケアシステム構築モデル例」が地域の実情に応じて多数取り上げられており、それぞれダウンロードすることができる。

員）、利用者支援事業（利用者支援専門員）などがあげられる。しかしながら、いずれも公的分野を中心としていたり、分野限定だったりして、分野横断、継続支援、公民協働といった総合性、包括性に欠ける点は否めない。また、そのありようも統合されていない。さらに、民間の制度外活動までをも包含した総合的なシステムになっているとはいえない。

今後は、こうした限界を乗り越え、地域において公民が協働した取組を展開していくことが必要とされる。また、制度的にも、高齢者の地域包括ケアに該当する仕組みの構築検討が必要とされる。二〇一六年児童福祉法改正によって創設されることとなった「市町村子ども家庭総合支援拠点」の検討が政府において進められているが、この拠点が地域包括的・継続的支援の源となることが期待される。また、二〇一六年の社会福祉法改正により社会福祉法人等の地域公益活動に対する社会的要請が高まっているが、こうした活動の活性化と拠点との協働が不可欠である。そのことが、地域子育て家庭支援、子ども家庭福祉分野における地域包括的・継続的支援を生み出すことになると考えられる。地域子育て家庭支援を専門とする橋本（二〇一五年：二三二頁）も、「今後、地域において一人の人間の一生を包括的に保障するためには、子ども家庭福祉領域の実践においても、高齢者や障害者領域との整合性を担保した地域の中で総合的支援を展開する仕組みと機能が必要になると考えられる」と述べている。

5　二〇一六年改正児童福祉法がめざすもの

法改正の五つのポイント

二〇一六年の「児童福祉法等の一部を改正する法律」においては、児童福祉法だけでなく児童虐待の防止等に関する法律や母子保健法も改正された。これら一連の改正には五つのポイントがある。

①児童福祉法の理念の見直し

まず、「児童の権利に関する条約（子どもの権利条約）」にのっとり、児童福祉法の理念が現代風に明確化された。子どもの権利条約は、子どもの基本的人権を保障するための国際条約である。一九八九年の国連総会において採択され、一九九〇年に発効した。日本は一九九四年に批准している。

「子どもの権利条約」では、子どもを「権利の主体」と位置づけ、「生きる権利」「守られる権利」「育つ権利」「参加する権利」のほか、意見表明権や思想の自由など、幅広い権利を認めている。今回の児童福祉法改正では、第一条に「～の権利を有する」という表現が入った。その条文は、子どもの権利条約の「精神にのっとり」と表現して子どもの意見表明権なども包含

表序－1　児童福祉法　第１条～第３条新旧対照表

改正前	改正後
第一条　すべて国民は，児童が心身ともに健やかに生まれ，且つ，育成されるように努めなければならない。 ②　すべて児童は，ひとしくその生活を保障され，愛護されなければならない。	第一条　全て児童は，児童の権利に関する条約の精神にのつとり，適切に養育されること，その生活を保障されること，愛され，保護されること，その心身の健やかな成長及び発達並びにその自立が図られることその他の福祉を等しく保障される権利を有する。
第二条　国及び地方公共団体は，児童の保護者とともに，児童を心身ともに健やかに育成する責任を負う。	第二条　全て国民は，児童が良好な環境において生まれ，かつ，社会のあらゆる分野において，児童の年齢及び発達の程度に応じて，その意見が尊重され，その最善の利益が優先して考慮され，心身ともに健やかに育成されるよう努めなければならない。 ②　児童の保護者は，児童を心身ともに健やかに育成することについて第一義的責任を負う。 ③　国及び地方公共団体は，児童の保護者とともに，児童を心身ともに健やかに育成する責任を負う。
第三条　前二条に規定するところは，児童の福祉を保障するための原理であり，この原理は，すべて児童に関する法令の施行にあたつて，常に尊重されなければならない。	第三条　［略］
	第一節　国及び地方公共団体の責務 第三条の二　国及び地方公共団体は，児童が家庭において心身ともに健やかに養育されるよう，児童の保護者を支援しなければならない。ただし，児童及びその保護者の心身の状況，これらの者の置かれている環境その他の状況を勘案し，児童を家庭において養育することが困難であり又は適当でない場合にあつては児童が家庭における養育環境と同様の養育環境において継続的に養育されるよう，児童を家庭及び当該養育環境において養育することが適当でない場合にあつては児童ができる限り良好な家庭的環境において養育されるよう，必要な措置を講じなければならない。

させているが、「〜される」という記述が示すとおり、受動態の記述にとどまっている点が残念である（表序-1参照）。

たとえば、第一条冒頭で、「全て児童は、児童の権利に関する条約の精神にのっとり、自己に影響を及ぼす全ての事項について自己の意見を表明する権利を有する」と、能動的権利を高らかに規定すべきではなかっただろうか。そのうえで、第二項で、その意見が尊重されるなどの受動的権利が規定されてもよかったのではないかと思われる。

② 「家庭養護優先の原則」の法定化

第二は、「家庭養護優先の原則」が法定化されたことである。二〇一一年七月、日本の社会的養護の方向性を決める「社会的養護の課題と将来像」が策定された。これは、「児童養護施設等の社会的養護の課題に関する検討委員会」と「社会保障審議会児童部会社会的養護専門委員会」の議論をまとめたものである。筆者は、その二つの委員会で委員長を務めた。

そこで掲げた「里親委託優先の原則」、つまり「家庭養護優先の原則」がこれまで局長通知で規定されていたが、[12] 今回の改正で法定化されたことは画期的である（児童福祉法第三条の二）。

(12) 厚生労働省雇用均等・児童家庭局長通知「里親委託ガイドラインについて」（平成二三年三月三〇日付　雇児発〇三三〇第九号）。本通知の別紙として「里親委託ガイドライン」が策定され、同ガイドラインにおいて、里親委託優先の原則が示されている。なお、今回の法改正を受け「里親委託ガイドライン」も改正されている。

また、養子縁組里親に対する研修を義務化し（同法第六条の四第二号）、里親支援を包括的に規定（同法第一一条第一項第二号）してこれまでどおり民間に委託できることとするなど、養子縁組、里親振興に関する規定も置かれた。今後、児童相談所は、保護した子どもの委託先、つまり生活の場所を考えるとき、まず「家庭」を優先しなければならなくなる。

その子にとって、養子縁組や里親、小規模住居型児童養育事業（ファミリーホーム）が適当でない場合に限り、「なぜ適当ではないのか」の理由を具体的にあげたうえで、「施設のうち小規模で家庭に近い環境（小規模グループケアやグループホームなど）」を検討することになる。「家庭」や「家庭に近い環境」の定義や検証は必要であるが、委託先の優先順位を規定したことは、とても重要なことである。

家庭で養育できない子どもの養育は、まずは家庭養護でやる。一部、適当でないケースは、「適当でない」理由を挙証したうえで、施設に措置する。そして、里親たちが家庭で行う養育を施設が支援する。これらの条文をどうやって現実にしていくかが、今後の課題である。

③切れ目のない支援

第三は、切れ目のない支援を指向していることである。児童福祉法において「児童」とは、満一八歳に満たない者をいう。子ども期の始期である胎児期（母親の妊娠期）と一八～二〇歳（終期）ついては、政策のエアポケット（空白）になっていた。

今回、母子保健法に児童虐待防止機能が付け加えられ、妊娠期から切れ目のない支援を行う「母子健康包括支援センター（子育て世代包括支援センター）」の設置が市町村に位置づけられた（母子保健法第二二条）。また、自立援助ホームにおいて、「二〇歳未満」だった入所条件が、大学等就学中の者を対象に「二二歳の年度末」まで拡大された（児童福祉法第六条の三第一項、第三三条の六及び第五〇条の三）。それを担保する事業が二〇一七年度予算案において創設されていることも歓迎したい。さらに、それ以外の自立援助ホーム入所児童や児童養護施設等退所者を二二歳の年度末まで支援する社会的養護自立支援事業（仮称）（平成二九年度予算案）も、子ども期終期への支援として重要である。

一八歳を過ぎてからの施設・里親委託も、一部可能となった（同法第三一条の四）。制度の切れ目が一部埋められたといえる。子ども期から大人期へのソフトランディング（軟着陸）には、切れ目のない支援が重要である。

④児童虐待防止対策のさらなる充実

第四は、児童虐待防止対策のさらなる充実を図ったことである。児童虐待のおそれについて、民間から情報提供ができるようにしたことなども、本改正児童福祉法の成果である。

これまで、虐待を受けている子どもの特定や安全確認をする際、個人情報保護を理由に、民間の医療機関などから情報提供を拒まれるケースがあった。今回の改正では、支援を必要とする妊婦や児童・保護者を把握した医療機関、児童福祉施設、学校等は、その旨を市町村に情報提供するよう努めるものとするといった規定（児童福祉法第二一条の一〇の五第一項）、また、児童の医療、福祉、教育に従事する者は、市町村等からの資料等の提供依頼に対して当該資料等を提供できるといった規定（虐待防止法第一三条の四）が設けられた。

これらについては、本来は「義務」とすべきであるが、今後、情報の共有が進み、得られた情報が、要保護児童対策地域協議会（要対協）で活用されるようにすべきである。[13] また、臨検・捜索手続きの簡素化や虐待に対応する機関・施設の専門性のより一層の向上が図られることも望ましい。

⑤検討課題を附則として法定化

最後に、今後の検討課題を附則に法定化したことがあげられる。今回の法改正では間に合わなかった検討事項を、法律の附則に盛り込んだことも大きな意義がある。たとえば、司法関与の在り方、特別養子縁組の活性化、児童相談所の在り方検討、市町村支援拠点の在り方、人材の育成方策の検討などが盛り込まれ、七月から、四つの検討会において検討が開始されている。今後の充実に期待したい。

残された課題

今回の改正児童福祉法の限界は、子ども家庭福祉の〝基礎構造〟に手をつけていないという点である。

たとえば、高齢者福祉、障害者福祉の実施主体は市町村で、都道府県は後方支援であるため、介護が必要となった高齢者も、障害のある人も、住み慣れた地域で安心して暮らせるための「地域包括支援体制（地域包括ケア）」が定着しつつある。一方、子ども家庭福祉では、いまだに都道府県と市町村に二元化され、行政による職権保護を色濃く残す体制が続いている。

地域包括ケアの実施主体は、市町村である。子ども家庭福祉においても、市町村が一元的に対応するシステムにし、児童相談所が後方支援を担う仕組みを検討すべきである。市町村が第一義的に役割を担う仕組みにしなければ、都道府県の機関である児童相談所の機能をいくら強化しても一極集中は解消されず、職員の疲弊は続く。また、「地域における包括的・継続的支援」も進まず、その前提となる里親をはじめとする社会的養護の地域理解すらも進んでいかないであろう。

(13)　児童福祉法第二一条の一〇の五の規定が二〇一六年一〇月一日に施行されたことを受け、厚生労働省から「要支援児童等（特定妊婦を含む）の情報提供に係る保健・医療・福祉・教育等の連携の一層の推進について」と題する雇用均等・児童家庭局総務課長、母子保健課長連名通知が、一二月一六日付で発出されている。

また、子ども家庭福祉各分野における援助理念や援助方法の共有化も大きな課題である。子ども家庭福祉・保育サービス供給体制は、保育・子育て支援、児童健全育成、幼児期の学校教育、障害児支援、社会的養護など、いくつもの舞台に分かれている。それぞれの舞台では支援者が優れた支援を行っているが、舞台が違うため交流も乏しく、それぞれのノウハウを共有することもできていない。今後は、子ども家庭福祉の体制の改革とともに、援助者同士の相互交流や協働、援助観のすり合わせも欠かせないものとなるだろう。

文献

新たな福祉サービスシステム等のあり方検討プロジェクトチーム「誰もが支え合う地域の構築に向けた福祉サービスの実現——新たな時代に対応した福祉の提供ビジョン」厚生労働省、二〇一五年。

橋本真紀『地域を基盤とした子育て支援の専門的機能』ミネルヴァ書房、二〇一五年。

柏女霊峰『子ども・子育て支援制度を読み解く——その全体像と今後の課題』誠信書房、二〇一五年。

柏女霊峰「第11章　共生社会創出のための子ども家庭福祉サービス供給体制」淑徳大学創立五〇周年記念論集刊行委員会（編）『共生社会の創出をめざして』学文社、二〇一六年。

これからの地域福祉の在り方に関する研究会「地域における『新たな支えあい』を求めて——住民と行政の協働による新しい福祉」二〇〇八年。

社会保障国民会議「第二分科会（サービス保障（医療・介護・福祉））中間とりまとめ」二〇〇八年。

社会的な援護を要する人々に対する社会福祉のあり方に関する検討会「社会的な援護を要する人々に

対する社会福祉のあり方に関する検討会報告書」厚生労働省、二〇〇〇年。

地域包括ケア研究会「地域包括ケア研究会報告書――今後の検討のための論点整理（平成二〇年度老人保健健康増進等事業）」地域包括ケア研究会、二〇〇九年。

地域包括ケア研究会「地域包括ケアシステムの構築における今後の検討のための論点（持続可能な介護保険制度及び地域包括ケアシステムのあり方に関する調査研究事業報告書）」三菱ＵＦＪリサーチ&コンサルティング、二〇一三年。

地域包括ケア研究会「地域包括ケアシステムと地域マネジメント（地域包括ケアシステム構築に向けた制度及びサービスのあり方に関する研究事業報告書）」三菱ＵＦＪリサーチ&コンサルティング、二〇一六年。

寺田貴美代「第2章　社会福祉と共生」園田恭一（編）『社会福祉とコミュニティ――共生・共同・ネットワーク』東信堂、二〇〇三年。

第1章　子ども・子育て支援制度の概要と意義

二〇一五年度から、子ども・子育て支援制度が創設された。これは、「子ども・子育て支援法」「就学前の子どもに関する教育、保育等の総合的な提供の推進に関する法律の一部を改正する法律」「子ども・子育て支援法及び就学前の子どもに関する教育、保育等の総合的な提供の推進に関する法律の一部を改正する法律の施行に伴う関係法律の整備等に関する法律」のいわゆる「子ども・子育て関連3法」が施行されたことによる。本制度が最初に提言されたのは二〇〇三年であり[1]、いわば一二年越しの政策がようやく創設されたのである。

本制度を端的にいえば、その目的の一つであった全世代型社会保障の実現、すなわち、「介護が必要になったら介護給付、育児が必要になったら子ども・子育て支援給付」であり、介護

(1)　二〇〇三年八月、厚生労働省に設置された次世代育成支援施策の在り方に関する研究会が出した報告書である「社会連帯による次世代育成支援に向けて」が、最初に子ども・子育て支援制度の創設を提言している。筆者も委員として参画した。

保険制度を模した仕組みの導入であるといってよい。つまり、①保育需要の掘り起こし（保育の必要性の認定）、②保育需要に見合うサービス確保の仕組み（認可制度改革、確認制度）、③必要な財源の確保（消費税財源）が制度の根幹である。これに、民主党政権になってから加わった④幼保一体化できる仕組みの実現、がある。

この全世代型社会保障の実現に、次に述べる待機児童対策、幼保一体化、幼児期の教育の振興の三つの視点も加わる。その根底には、切れ目のない支援、ソーシャル・インクルージョン（social inclusion：社会的包摂）といった政策目標が流れていなければならない。

1　子ども・子育て支援制度検討の背景と目的

新制度導入の背景としては、以下の四点がある。すなわち、①待機児童対策、②地域の子どもを親の事情で分断しない（幼保一体化）、③幼児期の教育の振興、④全世代型社会保障の実現、の四点である。

まず、第一に、第三次ベビーブームとその後の就学前児童の大幅減少を見越したこれまでのいわゆる保育所への詰め込み政策(2)では、待機児童解消が困難であることが新制度検討の大きな要因となっている。第二に、地域の子どもを親の事情で保育所と幼稚園に分断せず、ともに育ていこうという幼保一体化の視点[3]がある。たとえば、共働きをやめるなど親の生活が変化しても、子どもが同じ施設で保育できるというメリットもある。第三に、世界的趨勢となっている幼児期の教育の振興に倣い、幼児期に対する社会的投資を行うことが社会の安定につながるという視点[4]がある。そして、最後に第四として、高齢者に偏っている社会保障給付を子ども・若者世代の支援にも充当し、高齢者中心型社会保障から全世代型社会保障に転換していくことが必要[5]という認識がある。

(2)　主として規制緩和政策により待機児童解消をめざすこととされ、具体的には、二〇〇〇年度からの認可保育所の設置主体制限の撤廃、最低基準の遵守を原則としつつ定員とかかわりなく受け入れが許容されたこと、最低基準上の保育士定数に短時間勤務保育士を充てることが容認されたこと、保育所の調理業務について施設内の調理室における委託調理が容認され、三歳以上児については給食の外部搬入も容認されたこと、土地・建物について賃貸方式が容認されたことなどがある。

(3)　幼保一体化は、子ども・子育て支援制度創設にあたって、当時の民主党政権により用いられた用語であり、従来からの幼保一元化とほぼ同義であると考えられる。幼保一元化は長年の検討課題とされて論議が続けられていたが、一九六一年の厚生省、文部省の連名通知により、幼稚園と保育所はそれぞれ別の目的と機能をもつ施設として別々の道を歩むこととなった。いわゆる幼保二元化である。幼保連携型認定こども園の創設は、わが国が幼保一元化に舵を切ったことを意味すると考えられる。

(4)　わが国は、ＯＥＣＤ諸国のなかでも、幼児期の教育に対する社会的投資の少ない国とされ、幼児期の教育に対する社会的投資の強化が必要とされている。

(5)　わが国の社会保障財源の七〇パーセントは六五歳以上の高齢者に対して給付され、子ども・家族や若者に対する給付は

こうした視点から、これまで年金、医療、介護に用いられていた財源を子ども・若者にも充当するという観点から、社会保障・税一体改革による社会保障制度再構築と税制改革を一体実施する政策の一環として、新制度導入に至ったということができる。

2　基本構造

新しい子ども・子育て支援の仕組みは、子ども・子育て支援分野に充当する財源を増やし、子育てに関するさまざまな社会資源をできる限り一元化された仕組みにまとめ、保育、子育て支援サービスを中心に給付を行う仕組みを創設するものである。給付の基本構造としては、「子ども・子育て支援給付」を創設して市町村を基礎自治体とした一元的システムとすることとし、国の基本指針[6]に基づいて自治体が策定する市町村子ども・子育て支援事業計画や都道府県子ども・子育て支援事業支援計画により、各種の給付・事業を実施する。

内閣府には法定審議会である子ども・子育て会議[7]、都道府県、市町村にはそれぞれ地方子ども・子育て会議ともいうべき合議機関を設置（努力義務）し、その意見を聴きつつ計画を策定することとしている。そのうえで、その計画に基づいて、各種の給付を行う仕組みを定めている。

3　給付の全体像

給付の全体像としては、子ども・子育て支援給付として子どものための現金給付（児童手当）と子どものための教育・保育給付があり、子どものための教育・保育給付は、施設型給付と地域型保育給付とに分けられる。施設型給付の対象となる教育・保育施設には、幼保連携型認定こども園(8)、保育所、幼稚園、幼保連携型以外の認定こども園があり、地域型保育給付の対象となる事業には、小規模保育事業、家庭的保育事業、居宅訪問型保育事業、事業所内保育事業が

わずか五パーセント程度である。その若者や子育て家庭に対する給付を強化することで、全世代型社会保障を実現することが必要と認識されている。

(6)　正式名称は、「教育・保育及び地域子ども・子育て支援事業の提供体制の整備及び子ども・子育て支援給付及び地域子ども・子育て支援事業の円滑な実施を確保するための基本的な指針」である。

(7)　子ども・子育て支援法で内閣府に設置が規定された法定審議会であり、二〇一三年五月から開催されている。基準検討部会も設置されている。会議は公開であり、資料、議事録のほか動画も配信されていて、内閣府ホームページから視聴が可能である。

(8)　政府は幼保連携型認定こども園を認定こども園に含めているが、他の三種の認定こども園とは別物のまったく新しい学校であり児童福祉施設であるため、筆者は別に捉えたほうがよいと判断している。したがって、幼保連携型認定こども園は独立して扱うこととする。

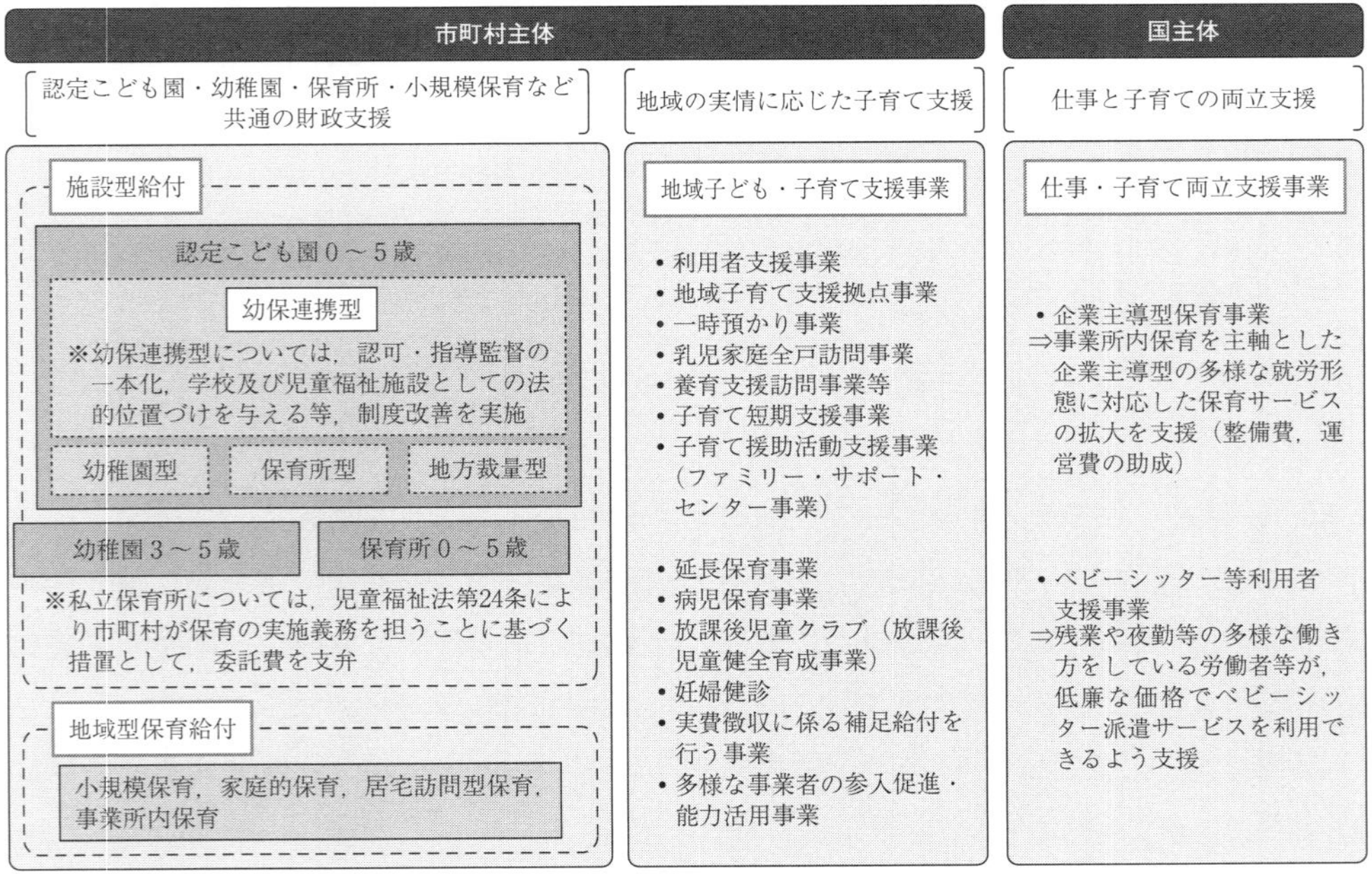

図１−１　子ども・子育て支援制度の概要

出所：内閣府「子ども・子育て支援新制度について（平成28年11月改訂版）」2016年，６頁。

ある。これらは、図１－１のようにまとめられる。

教育・保育施設や地域型保育事業については、認可基準を満たしていれば原則として認可する制度とするとともに、市町村が運営基準等を確認することにより、施設型給付や地域型保育給付による財政支援の対象とする制度として量的拡大を図ることとなる。なお、本制度施行以前からある認定こども園（幼保連携型認定こども園については旧制度が廃止されたため、新たな制度に移行したもののみ）、幼稚園、保育所は、原則として、施設型給付を受ける確認があったものとみなされる。地域型保育給付の対象事業は、これまでの事前届出制から市町村の認可制に移行することとなる。なお、特定教育・保育施設や地域型保育事業の認可基準や運営基準などの国の省令基準をもとに、都道府県（幼保連携型認定こども園、保育所、幼稚園）や市町村（特定教育・保育施設の運営基準、地域型保育事業の認可基準及び運営基準）において、設備及び運営等に関する基準や運営基準(9)が定められている。

また、地域子ども・子育て支援事業（子ども・子育て支援法第五九条）として、一三事業が用

(9)　国の省令基準は都道府県や市町村が定める最低基準や運営基準のもとになる基準であり、各条文は、従うべき基準、参酌すべき基準、標準の三種類に分けられている。自治体は、この基準をもとに、当該自治体の最低基準や運営基準を条例で定めている。なお、運営基準の正式名称は、「特定教育・保育施設及び特定地域型保育事業の運営に関する基準」並びに「家庭的保育事業等の運営に関する基準」である。

意されている（図1－1及び本書第5章参照）。なお、放課後児童健全育成事業は小学校卒業までが対象となり得ることが明示され、放課後児童健全育成事業の設備及び運営に関する基準も定められている。

なお、二〇一六年度から事業主拠出金を原資とする仕事・子育て両立支援事業として企業主導型保育事業やベビーシッター等利用者支援事業も創設された（図1－1及び本書終章参照）。

4　幼保連携型認定こども園

幼保連携型認定こども園は学校教育・保育及び家庭における養育支援を一体的に提供する施設とし、いわゆる認定こども園法による教育基本法第六条第一項に基づく学校[10]、児童福祉法第七条に基づく児童福祉施設及び社会福祉法第二条第三項第二号の二に基づく第二種社会福祉事業として位置づけられている。設置主体は、原則として、国、地方公共団体、学校法人、社会福祉法人である。

幼保連携型認定こども園には、学校教育と保育を担う職員として保育教諭が置かれている。保育教諭は職名であり、幼稚園教諭免許状と保育士資格を併有することが原則である。なお、新たな制度の施行から五年間は、片方の資格、免許のみでも保育教諭になることができる。設置認可、指導監督等は都道府県単位とし、政令指定都市、中核市には権限移譲されている。認可基準は、内閣府令である「幼保連携型認定こども園の学級の編制、職員、設備及び運営に関する基準」に基づいて都道府県が定めている。

供給過剰による需給調整が必要な場合以外は、原則として認可する。また、都道府県は、認可にあたって市町村に協議する。なお、施設型給付の確認主体は市町村である。一定の条件のもとで臨時休業も認められ、新たに名称使用の制限が設定されている。保育所、幼稚園からの幼保連携型認定こども園への移行は義務づけられないが、両施設からの認可替えには、認可基準の特例が設けられるなど移行への政策的な促進策が実施されている。保育の内容については、内閣府、厚生労働省、文部科学省の一府二省による告示である「幼保連携型認定こども園教育・保育要領」に基づくこととされている。

(10)　教育基本法第六条は学校教育は法律で定めることとしており、これまでは学校教育法にすべての学校が規定されていた。しかし、政府提案の総合こども園法案においては株式会社等も参入できることとしていたこともあり、また、児童福祉施設でもあったことから、株式会社の参入を認めていない学校教育法上の「学校」と規定することができず、いわゆる認定こども園法上の「学校」とされた経緯がある。学校としての権限や機能は、幼稚園と変わらない。

5　保育の利用方式――公的契約

保育の利用方式については、例外のない保育の保障の観点から、市町村が客観的基準に基づき、教育・保育の必要性を認定する仕組みとする。施設型給付及び地域型保育給付の受給資格に係る認定の事由については、保護者本人の事由により判断することを基本とするなど、従来の「保育に欠ける」要件より広くなった。具体的には、求職活動、就学のほか虐待・DVのおそれ等を含む一〇項目が規定された。

また、教育・保育の必要性の認定区分は、一号認定（教育標準時間認定：満三歳以上で学校教育のみ利用）、二号認定（満三歳以上の保育認定）、三号認定（満三歳未満の保育認定）であり、二号、三号の保育認定については、保育短時間認定（パートタイム就労を想定。最低就労時間月四八～六四時間の間で市町村が決めた時間）と保育標準時間認定（フルタイム就労を想定。最低就労時間月一二〇時間程度）の二類型がある。認定されれば、支給認定証が保護者に発行される。保育短時間認定の場合は一月当たり平均二〇〇時間まで（一日当たり八時間まで）、保育標準時間認定の場合は一月当たり平均二七五時間まで（一日当たり一一時間まで）の利用が可能となる。したがって、利用にあたっては子どもの最善の利益を考慮した時間とすることが求められる。(11)

利用調整に関し、希望が多い場合には選考が行われる。選考のための基準も、現行基準を参考にしている。また、優先利用には、ひとり親家庭、生活保護家庭、虐待・ＤＶのおそれ、障害児童、育児休業明け、きょうだいで同一の保育所等の利用希望、地域型保育事業の卒園児童などがある。

また、市町村は、待機児童が発生している場合など必要と認められる場合には、利用者の利用の調整、施設への利用の要請を実施することとされている。被虐待児童や障害児童等特別な配慮を必要とする子どもの場合も、市町村が利用可能な教育・保育施設のあっせんを行う。やむを得ない事由(12)により利用できない子どもには、市町村による保育の措置も行われる。

契約については、幼保連携型認定こども園、その他の種類の認定こども園、新たな仕組みである施設型給付を受ける幼稚園並びに地域型保育給付については、市町村の関与のもと保護者が自ら施設・事業を選択し、施設・事業と契約する公的契約となる。ちなみに、幼保連携型認定こども園の利用方法は、図１－２のとおりである。施設型給付及び地域型保育給付について

(11)　介護給付は利用量と利用料金とが連動しているためそれが一種の利用抑制システムとして機能しているが、子どものための教育・保育給付は認定された最大時間を利用しても保育料は変わらないため、保育サービスの濫用を招きやすいシステムであるということができる。
(12)　被虐待やネグレクトにより利用に至らない場合が想定されている。

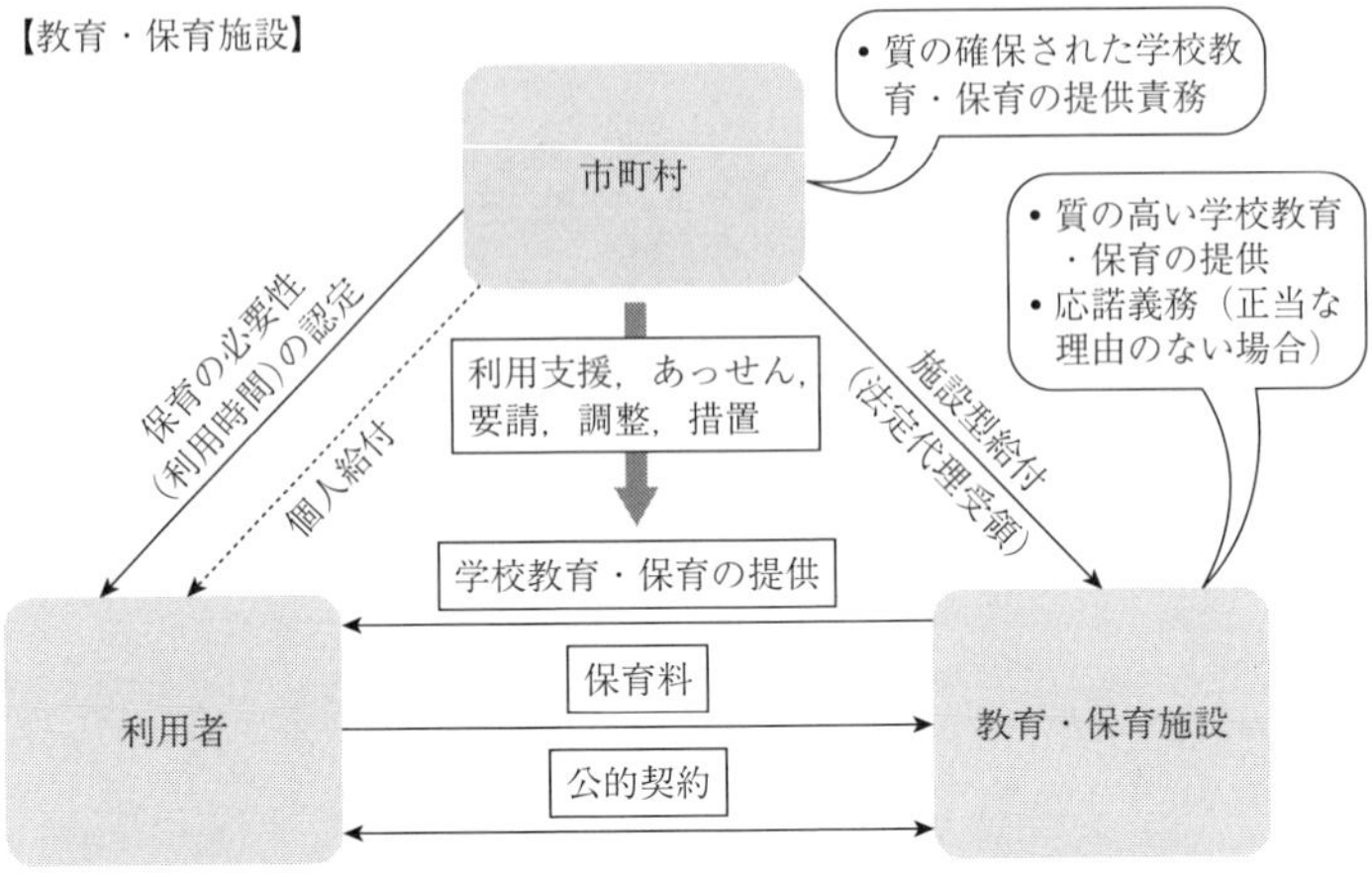

※児童福祉法24条において，保育所における保育は市町村が実施することとされていることから，私立保育所における保育の費用については，施設型給付ではなく，従前制度と同様に，市町村が施設に対して，保育に要する費用を委託費として支払う。

　この場合の契約は，市町村と利用者の間の契約となり，利用児童の選考や保育料の徴収は市町村が行うこととなる。

※上記の整理は，地域型保育給付にも共通するものである。

図１－２　幼保連携型認定こども園の利用方式

出所：内閣府「子ども・子育て支援新制度について（平成28年11月改訂版）」2016年，8頁。

は、保護者に対する個人給付を原則とするが、実際には施設・事業者に対して支払われる（法定代理受領方式[13]）。

なお、私立保育所は保育の実施義務が継続するため、市町村が委託する制度が存続[14]することとなった。すなわち、保育認定を受けた保護者が市町村に利用希望を付したうえで申込みし、市町村が要件を確認したうえで入所の決定を行う。費用については施設型給付ではなく、市町村が施設に対して保育所入所児童に関する個人給付分を委託費として支弁し、保育料も市町村が徴収することとなる。この場合の契約は、市町村と利用者との間で行われる。

6　財政負担、所管

財政負担に関しては、施設型給付・地域型保育給付の負担割合は、国二分の一、都道府県四分の一、市町村四分の一となる。ただし、施設型給付のうち公設公営施設については、現行同様に、地方税による一般財源または地方交付税によって市町村が全額手当てすることとなっている。

また、事業主拠出金を充当する対象範囲は、延長保育事業、病児保育事業、放課後児童健全育成事業の三事業（子ども・子育て支援法第六九条第一項）に限定された[15]。また、事業主拠出は従

(13)　介護保険制度による給付のように、本来なら利用者に対する給付を、そのサービスが利用者に確実に使われるようにするため、利用者が利用した事業者に対して給付を行う方法のことである。
(14)　二〇一二年六月の民主党、自民党、公明党の三党合意による政府提案の法律の修正により、保育所における保育については、市町村が保育の実施義務を引き続き担うこととされた。
(15)　子ども・子育て支援法の改正により、二〇一六年度から仕事・子育て両立支援事業が創設され、これにも事業主拠出金が充当されることとなった。

来の児童手当拠出金と同様、厚生年金ルートでの拠出とされている。子ども・子育て支援法やいわゆる認定こども園法の所管は内閣府、厚生労働省、文部科学省となり、内閣府に子ども・子育て本部が設置され担当大臣が置かれている。

7 研修等

子ども・子育て支援制度においては、幅広い従事者の確保と資質向上も大きなテーマとされている。そのため、子育て支援員研修・登録制度の創設と同時に、研修の充実も図られている。

子育て支援員とは、都道府県、市町村により実施される子育て支援員研修制度による基本研修及び専門研修を修了し、「子育て支援員研修修了証書」の交付を受けたことにより、子育て支援員として保育や子育て支援分野の各事業等に従事する上で必要な知識や技術等を修得したと認められる者のことをいう。この制度は、二〇一五年度から創設されている。実施主体は都道府県、市町村のほか指定を受けた団体等であり、基本研修（八科目八時間）ほか専門研修（地域保育、地域子育て支援、放課後児童、社会的養護の四コースがあり、研修科目、時間数はそれぞれ異なる）を受講後、修了証書が交付される。地域人材を幅広く活用することをめざす制度でもある。

また、新制度導入に伴って二〇一五年度から創設された子ども・子育て支援対策推進事業費補助金のなかの職員の資質向上・人材確保等研修事業においては、保育所や地域型保育事業等各種保育人材や放課後児童支援員等の資質向上、資格認定のための研修事業が幅広く展開されている。

8　今後の方向と検討課題

以上が新たな仕組みの概要であるが、子ども・子育て支援法、改正認定こども園法の附則において、①幼稚園教諭、保育士資格の一体化を含めた在り方、②幼稚園教諭、保育士、放課後児童指導員の処遇改善と復職支援・人材確保、③安定財源の確保、④二年後を目途として行政組織の見直し、⑤次世代育成支援対策推進法の延長の検討事項が提示されている。②については新制度の施行を待たずに一部先行して実施され、④については内閣府に子ども・子育て本部が置かれ、⑤については一〇年間の延長と地域行動計画策定の任意化が行われた。なお、社会保障財源と税財源との統合や労働政策と保育政策との整合性の確保など先送りされた事項もあり、五年後の見直しに向けた検討も必要とされている。

また、制度創設前の子ども家庭分野の社会保障財源は二兆円強であったが、これに消費税財源からの充当（七〇〇〇億円：国、地方合わせた額。消費税が一〇パーセントとなった満年度）を含めて一兆円超程度の追加財源を投入することとされており、これにより、社会保障給付における子ども家庭分野の給付割合を強化することとされている。

なお、二〇一五年度政府予算においては、消費増税による増収額から、子ども・子育て支援の充実に五〇〇〇億円超が確保され、七〇〇〇億円の範囲で実施することとされていた「質の改善」項目は、すべて実施されることとなった。今後、さらに三〇〇〇億円強が充当される見通しが立てば、さらなる質の向上が図られる見込みである。

9　子ども・子育て支援制度の意義

冒頭に述べたように、子ども・子育て支援制度は、個人の尊厳と利用者の選択を重視し、包括的で一元的な社会づくりをめざすソーシャル・インクルージョンの視点をめざして始まったといえるが、二〇〇九年に民主党政権が誕生すると、これまでの厚生労働省中心のいわゆる「社会づくり」としてのシステム検討に、幼児期の教育の充実という「人づくり」政策の視点が加わることとなった。

また、子ども・子育て支援制度の創設と同時に、狭義の子ども家庭福祉分野の改革も進められてきた。それぞれの改革のキーワードは、「親と子のウエルビーイング」（保育・子育て支援）、「あたりまえの生活――家庭（的）養護と地域化の推進」（社会的養護）、「地域生活支援」（障害児童福祉）、「豊かな放課後生活の保障と生きる力の育成」（児童健全育成）といってよい。すなわち、ウエルビーイング、子どもの最善の利益、あたりまえの暮らしという三つの保障の実現を基本的視点としている。この実現のためには、序章で述べたとおり、子ども家庭福祉基礎構造の改革が必要とされる。子ども家庭福祉・保育の今後の方向は、分野ごとの分断を解消し、包括的でインクルーシヴな基礎構造をつくり上げることであるといってよい。

筆者は、これまで、橋の上に乗った年金・医療・介護の三つ葉を支える橋桁政策としての少子化対策ではなく、社会保障に「育児」を組み込み、年金・医療・育児・介護の四つ葉のクローバー型の社会保障政策こそが、人間の一生を包括的に支援する仕組みの創造につながると主張[16]してきた。そのためには、①子ども・子育て財源の統合を図り、②実施主体について市町村を中心に再構築し、③すべての子どもを対象とする包括的なシステムを創設し、④社会保険システムも有効に活用して、子育て財源の大幅増加を図ることが必要とされる。そのことが切

(16)　筆者はこの視点を「人間福祉」と呼び、社会福祉制度再構築の基本視点として重要視している。また、四つ葉のクローバーの考え方については、柏女霊峰『子ども家庭福祉サービス供給体制――切れ目のない支援をめざして』中央法規出版、二〇〇八年を参照いただきたい。

れ目のない支援を生み、ソーシャル・インクルージョンや利用者主権、社会連帯にかなう仕組みの創設につながると考えている。子ども・子育て支援制度の創設により、子ども家庭福祉・保育制度は、そこに向けて第一歩を踏み出したといえ、そのことが子ども・子育て支援制度創設のもっとも大きな意義といえるであろう。

10　子ども・子育て支援制度の今後の課題

子ども・子育て支援制度を含む子ども家庭福祉・保育制度の今後の課題は、以下の四点に凝縮される。第一は、「子ども・子育て政策の基礎構造改革ができるか」であり、第二は、「労働政策と保育政策の統合ができるか」、第三は、「教育と保健福祉の統合が図れるか」、第四が「公民協働がどこまで図れるか」である。これには、それぞれ、理念レベル、マクロレベル、メゾレベル、ミクロレベルの課題が横たわり、一筋縄にはいかない。

まず、第一の課題については、社会的養護関係施設や障害児入所施設の入所決定権限等実施主体が都道府県であり、母子保健や保育、子育て支援の実施主体が市町村であるなど、実施体制の二元化の克服が、最も大きな課題となる。たとえば、子ども虐待死問題など、市町村と都道府県が互いに相手の政策による支援を求め、結果として手遅れとなって子どもが命を失う事例などがあげられる。子ども・子育て支援制度と障害児支援の舞台（実施主体や財源など）が異なっているために、たとえば、放課後等デイサービスが増え続ける結果、放課後児童クラブから障害児童が排除される懸念も指摘されている。

続いて第二の課題では、一例として、いわゆる育児休業中の所得保障が雇用保険からなされ、片や乳児保育は税でなされ財源が別々なため、それぞれの財源をあてにした保育の充実とワーク・ライフ・バランスが財界と政府からそれぞれ提唱され、結果としてどちらも伸びず保育の規制緩和だけが進むという縮小均衡が起こることとなる。この克服が第二の課題といってよい。

第三の課題については、幼保一体化は子ども・子育て支援制度の大きな眼目であるが、地方レベルにおけるその実現は、社会づくり政策と人づくり政策の調和といった理念レベルの課題とともに、メゾレベルやミクロレベルの課題の克服にかかっている。幼保連携型認定こども園は学校、かつ、児童福祉施設であり、たとえば、台風接近時や自然災害時の臨時休業やインフルエンザ大流行時の学級閉鎖などを行うか否かなどが、メゾレベルにおける教育と福祉のミッションに係る大きな論点となる。また、クラス全体の学習成果を向上させることに力点を置くか、厳しい家庭環境のなかで尽力しているひとりの子どもに対する支援を最優先するかといった援助観の相克などが理念レベルの例にあたる。[17]行政組織の統合などもメゾレベルの課題として大切な事項である。教育委員会と首長部局との切れ目の克服は、子ども・子育て支援政策の最大の課題といえる。この点は、いわゆる社会づくり政策と人づくり政策の調和が大きなテーマとなる。

第四の課題については、民間活動の活性化が大きな課題となる。制度内福祉は公平・公正を旨とするため、制度間の切れ目が生ずることが宿命といってよい。たとえば、放課後児童クラブでは、通常夕食の提供は行わない。放課後児童クラブが、夕食が遅くまで食べられない貧困家庭の子どもに対して、かわいそうだからといって夕食を提供することは制度上できない。これをカバーするためには、民間の制度外活動、ボランティア活動として夕食提供を行うことが必要とされる。また、こうした外からは見えにくい子どもの貧困に気づくための見守り活動も必要とされる。このように、制度内福祉と制度外活動とがあいまって、子どもの福祉が図られるのである。さらに、ニーズが大きくなれば、こうした民間の制度外活動が制度内福祉として取り込まれることとなる。しかし、その制度の受給要件にあわない子どもがさらに生まれ、新たな制度外活動が必要となる。

したがって、インクルーシヴな社会づくりを実現するためには、制度の充実だけでは不十分である。切れ目を埋める民間の制度外活動を活性化し、制度内福祉と民間の自主的制度外活動との協働が必要とされる。近年、社会福祉法人等の地域公益活動に対する社会的要請が高まっているが、こうした活動の活性化が不可欠といってよいであろう。

文　献

柏女霊峰『子ども家庭福祉サービス供給体制――切れ目のない支援をめざして』中央法規出版、二〇〇八年。

柏女霊峰『子ども家庭福祉・保育の幕開け――緊急提言　平成期の改革はどうあるべきか』誠信書房、二〇一一年。

柏女霊峰『子ども家庭福祉論（第四版）』誠信書房、二〇一五年。

柏女霊峰『子ども・子育て支援制度を読み解く――その全体像と今後の課題』誠信書房、二〇一五年。

(17)　教育委員会は、都道府県及び市町村等に置かれる合議制の執行機関である。行政委員会の一つとして首長からも独立した機関であり、学校教育等を所管している。本制度は首長への権限の集中を防止し、中立的・専門的な行政運営を担保する組織である。その一方で、教育委員会は独立した執行機関であるため、首長部局の子ども・子育て支援や子ども虐待防止制度等との間の連携の困難さを招くことが、多く指摘されている。

第2章　児童福祉法と児童憲章から見つめなおす保育の未来

1　児童福祉法と児童憲章の成立

児童福祉法の成立

児童福祉[(1)]制度は、子どもの心身の健全な発達を保障し、その福祉の向上を図ることを目標としており、子ども自身の福祉はもとより、子どもを取り巻く家庭や地域社会の対策を含めた総合的な制度である。また、それは、教育、労働、司法、警察等、広範な分野の対策と密接に関連している。このような総合的な児童福祉対策がスタートしたのは第二次世界大戦後であり、

(1)　本書は「子ども家庭福祉」の用語を原則としているが、子ども家庭福祉の用語は一九九〇年代から使用されることとなったため、本章においては、それ以前の年代に関し「児童福祉」の用語を用いている。

「児童福祉法」や「児童憲章」の制定を経て、進展してきたのである。

敗戦直後のわが国は、国民の生活は窮乏し、精神的な虚脱も加わって社会の秩序は乱れ、この混乱と窮乏のなかで浮浪児、戦災孤児、引揚孤児等が多数出現し、これらの子どもを収容保護することが、当時の児童対策の緊急課題であった。

これら応急的な児童救済対策を進めながらも、一方では、すべての子どもの福祉を国の責任において体系化し推進することをめざし、次代の社会の担い手である子どもの健全な育成、すべての子どもの福祉の積極的増進を基本精神とする「児童福祉法」が、一九四七年に制定された。この背景には、福祉国家の建設の理想を掲げた「日本国憲法」の制定（一九四六年）が大きく関連している。

また、一九四六年に、児童福祉対策についてのみ責任を負う児童局が、初めて厚生省に設置される。さらに、一九四八年には、「児童福祉施設最低基準」も策定された。この後、一九五一年に「児童憲章」が制定、宣言されている。こうして、戦後の児童福祉法制の基盤が形づくられていったのである。

児童福祉法、児童憲章の意義

児童福祉法は、次代の社会の担い手である児童一般の健全な育成及び福祉の積極的増進を基本精神とする、子どもの福祉についての根本的総合的法律である。すべての「児童が心身ともに健やかに生まれ、且つ、育成される」（第一条）[2]ことをめざし、その名称に初めて「福祉」、すなわち「より良く生きること」を冠した画期的な法律である。従来の要保護児童の保護を主要な目的とした考え方を改め、「児童は歴史の希望である」[3]との願いのもとに、対象をすべての子どもとし、その健全育成、福祉の増進を目的としている。

一方、児童憲章は、一九五一年五月五日の子どもの日に、さらに広く児童観や児童福祉の理念を確認し国民の間に普及するために、内閣総理大臣が召集する児童憲章制定会議が制定・宣言した、わが国における児童の権利宣言である。三条の総則と本文一二条からなり、制定後半世紀以上を経た今も、わが国の子ども家庭福祉の理念として重要な位置づけをもっている。

（２）　二〇一六年児童福祉法等の一部を改正する法律（法律第六三号）により、第一条、第二条の児童福祉の理念も大きく改正されている。ここで示した条文は、改正前の条文である。

（３）　児童福祉法の制定に携わった厚生省事務官の松崎芳伸は、「私は、かつて児童福祉法の第何次目かの草案に『児童は、歴史の希望である』という言葉を使ったことがある」と述べている。敗戦日本の未来を子どもたちに見出そうとする松崎のミッションは、今でも色あせることがない。松崎芳伸『児童福祉法』日本社会事業協会、一九四八年、一二―一三頁。

2　その後の児童福祉（子ども家庭福祉）関連法制の整備

戦後（一九四五年）から一〇年ほどは、児童福祉法制の基盤が整備された時期である。一九六〇年代に入ると、一九六一年には、母子家庭を対象に支給される児童扶養手当について規定した「児童扶養手当法」が制定された。続いて、一九六四年には、母子家庭に関する施策を規定した「母子福祉法」（現在の「母子及び父子並びに寡婦福祉法」）が制定された。さらに、同年、「重度精神薄弱児扶養手当法」（現在の「特別児童扶養手当等の支給に関する法律」）が制定されるなど、施策に広がりがみられた。

一九六五年になると、母性、乳幼児の健康の保持・増進に関する施策について規定した「母子保健法」が制定された。さらに、一九七一年には、児童手当について規定した「児童手当法」が制定され、これにより、わが国の基本的児童福祉法制はほぼ整備されることとなった。

その後は、これらの法に基づいた施策の展開が図られたが、近年は、少子化や子ども虐待の社会問題化など変わりゆく世相のなかで、新たな課題に対応するための法整備も進められている。たとえば、「児童虐待の防止等に関する法律」（二〇〇〇年）や、「配偶者からの暴力の防止及び被害者の保護等に関する法律」（二〇〇一年）、「少子化社会対策基本法」（二〇〇三年）、「次世代育成支援対策推進法」（二〇〇三年）、「発達障害者支援法」（二〇〇四年）、「就学前の子どもに関する教育、保育等の総合的な提供の推進に関する法律」（二〇〇六年）、「子ども・子育て支援法」（二〇一二年）等の法律が制定されている。なお、これらの法律は逐次改正が行われて現在に至っている。二〇一六年国会においては、戦後七〇年にわたって児童福祉の基本理念を形づくってきた児童福祉法第一条～第二条が改正されている。

3　児童福祉法、児童憲章が大切にしてきた理念

子どもの権利保障

①子どもの受動的権利の保障

児童福祉法第一条（二〇一六年六月三日改正児童福祉法（法律第六三号）施行前の条文）は、「①すべて国民は、児童が心身ともに健やかに生まれ、且つ、育成されるよう努めなければならない。②すべて児童は、ひとしくその生活を保障され、愛護されなければならない」と述べている。

また、児童憲章は、その前文において、「児童は、人として尊ばれる。／児童は、社会の一員として重んぜられる。／児童は、よい環境のなかで育てられる」と簡潔に述べている。

これらの理念はすべて受動態の表現で貫かれ、いわば、子どもが社会から保護される権利を有することを物語っている。ここに示される子ども家庭福祉の基本的理念は、成人や社会は子どもを守り育む義務を有するというものである。こうした考え方は、子どもの最善の利益を保障しようとする成人の義務を強調したものであり、国際連合が一九五九年に採択した「児童の権利宣言」[5]など、昔から国際的に共通してみられる基本的な理念である。[4]

②子どもの能動的権利の保障

ところで、一九八九年一一月に国際連合が採択した「児童の権利に関する条約」(以下「子どもの権利条約」[6])は、こうした子ども家庭福祉の基本的考え方を受け継ぎつつも、子どもは自分の人生を精一杯生きようとしている主体的な存在であるという、権利行使の主体としての子ども観を鮮明に打ち出した点において、画期的なものとなっている。すなわち、子どもの意見表明、思想・良心の自由など、成人と同様の権利を保障しようとし、成人の義務から派生する受動態の権利のみならず、子どもの能動的権利をも保障しようとするものである。わが国は、この条約を一九九四年に締結している。ユニセフ(UNICEF:国際連合児童基金)は、本条約が定める権利を、生きる権利、育つ権利、守られる権利、参加する権利の四種に整理している。

さらに、国際連合が二〇〇六年に採択した「障害者の権利に関する条約」[7]も、その第七条(障害のある児童)において子どもの権利条約の趣旨を引き継ぐとともに、意見を表明するために支援を提供される権利を有することを言明している。わが国は、この条約を二〇一四年一月に締結している。

これらにみるとおり、今後の子ども家庭福祉の理念は、子どもを受身的存在として保護するだけでなく、子どもの意見を聴き、そして、それを尊重しつつ、また、子どもの生存、発達お

(4)　子どもの最善の利益（the best interest of the child）とは、子ども家庭福祉の根拠となる基本的で最も重要な概念である。子どもの最善の利益の確保は、一九二四年の「児童の権利に関する宣言」（通称「ジュネーブ宣言」）（国際連盟）以来、現在の「児童の権利に関する条約」に至るまで、世界の子ども家庭福祉の基本理念となっている。

(5)　一九五九年一一月二〇日、国際連合第一四回総会において採択されたものであり、一九二四年に国際連盟が採択した「児童の権利に関する宣言」（通称「ジュネーブ宣言」）を引き継ぐ世界的宣言である。

(6)　一九八九年一一月二〇日、国際連合が採択し、翌年九月から発効した子どもの権利に関する総合的条約である。前文と五四か条からなり、一八歳未満の子どもが有する権利について包括的・網羅的に規定している。現在では世界のほとんどの国が批准している。

(7)　国際連合が採択した障害者の権利に関する条約第七条（障害のある児童）は以下のとおりである（政府訳）。

1　締約国は、障害のある児童が他の児童との平等を基礎として全ての人権及び基本的自由を完全に享有することを確保するための全ての必要な措置をとる。

2　障害のある児童に関する全ての措置をとるに当たっては、児童の最善の利益が主として考慮されるものとする。

3　締約国は、障害のある児童が、自己に影響を及ぼす全ての事項について自由に自己の意見を表明する権利並びにこの権利を実現するための障害及び年齢に適した支援を提供される権利を有することを確保する。この場合において、障害のある児童の意見は、他の児童との平等を基礎として、その児童の年齢及び成熟度に従って相応に考慮されるものとする。

よび自立に関する固有の権利を、積極的に保障することにあるといえる。

子育て支援

次いで児童福祉法第二条（二〇一六年改正児童福祉法施行前の条文）は、子育て支援の意義を次のように表現している。すなわち、「国及び地方公共団体は、児童の保護者とともに、児童を心身ともに健やかに育成する責任を負う」という条文である。

もともと子育て支援は、歴史的には主として血縁、地縁型のネットワークによって担われてきた。しかし、近年では、こうした従来の子育て支援ネットワークが弱体化し、それに代わるべき子育て支援事業、保育サービスなどの社会的子育てネットワークが求められるようになった。子育て支援とは、端的にいえば、子どもが生まれ、育ち、生活する基盤である親および家庭、地域における子育ての機能に対し、家庭以外の私的、公的、社会的機能が支援的に関わることをいう。子育ての孤立化、閉塞化が叫ばれる現在、こうした活動は、今後、ますます重要になってくるといえる。

4　保育所・保育サービスの発展の経緯

基礎確立期

現在に連なる狭義の公的保育制度は、一九四八年度から施行された児童福祉法に端を発する。制定当初の児童福祉法は保育所について、「保育所は、日日保護者の委託を受けて、その乳児又は幼児を保育することを目的とする施設とする」（児童福祉法第三七条）と規定し、「保育に欠ける」要件は記載されていなかった。つまり、保育所は保護者の委託があれば保育に欠ける要件の有無に関わらず保育することができた。しかし、市町村の措置の対象となるのは「保育に欠ける子」のみだったのである。

しかしながら、これが幼稚園との関係に混乱をもたらし、一九五一年の法改正で「保育に欠ける」という文言が挿入されている。ただし、それ以後も、幼保論争は続き、一九六三年一〇月二八日文初発第四〇〇号・児発第一〇四六号の文部省・厚生省合同通知「幼稚園と保育所との関係について」で両者の関係は一応の決着をみることとなり、その後は、両者は別々の道を辿りながら、量的・質的に大きく発展していくのである。

拡充期

一九七〇年代から八〇年代にかけて「ポストの数ほど保育所を」のスローガンのもと保育所は大幅に増加した。さらに、ベビーホテル死亡事故問題[8]等を契機として延長保育などの多用な保育に関するニーズの高まりがみられ、これに対応する施策の展開が図られることとなった。保育内容に関しても、一九六五年に初めての保育所保育指針が策定され、その後、数次の改訂を経て、二〇〇九年度からの最低基準としての保育所保育指針の告示[9]に至っている。

変革期

さらに、一九九〇年代に入ると、社会の変容に伴う子育ての孤立化等に対応して地域子育て支援の重要性が叫ばれ、一九九三年度から地域子育て支援事業がモデル事業として開始されることとなる。また、保育所の利用希望が増加して待機児童問題が発生するようになり、さらに、利用者主権の動向ともあいまって、保育所利用の在り方や整備について再び大きな関心が払われるようになった。

一九九七年には保育制度の利用の在り方を変更する児童福祉法改正[10]が行われ、その後は、少子化対策として、さらには待機児童対策として拡充が求められつつも国や自治体の財政危機が阻害要因となり、いわゆる規制緩和策を中心として受け入れ児童の拡充が図られていくこととなった。そして、そのことが、保育サービスにさまざまな歪みをもたらすこととなり、ついに、抜本改革が余儀なくされる状況になったといえる。

5　新たな時代へ――利用者の選択と権利の保障

こうした動向を受け、二〇一五年度から、子ども・子育て支援制度が始まった。子ども・子育て支援制度の創設については、第1章でも述べたとおり、二〇〇三年の「社会連帯による次世代育成支援に向けて」と題する報告書を厚生労働省に設置された研究会が公表して以来の懸案であり、一二年越しの構想の実現ということになる。新制度の特徴は、育児への介護保険モデルの適用であり、かつ、従来からの懸案であった幼保一体化の推進であるといえる。

(8)　一九七〇年代から増え始めたベビーホテルは、基準が定められていなかったため乳幼児の死亡事故が相次ぎ、これらを受け、一九八一年には児童福祉法が一部改正され、また、延長保育制度や夜間保育制度などが開始された。

(9)　告示とは大臣告示であり、地方自治法に基づく技術的助言として位置づけられる通知、通達とは異なり、学習指導要領等と同様、一定の拘束力をもつ文書と理解される。これまでの保育所保育指針は厚生労働省雇用均等・児童家庭局長通知であったが、二〇〇九年度改定で厚生労働大臣告示となり、学習指導要領や幼稚園教育要領と同等の位置づけとなった。

(10)　これまでの市町村による措置方式（職権保護）から、保護者が希望先の保育所を提示して市町村に申し込む「保育の実施」方式に転換された。その後、子ども・子育て支援制度においては公的契約制度への転換を図る法案が提出されたが、国会による修正により、当面は保育の実施方式が継続されることとなった。

本制度の淵源は、二〇〇〇年の介護保険法施行並びに社会福祉法の制定・施行、すなわち社会福祉基礎構造改革にさかのぼることができる。その年、高齢者福祉制度において介護保険制度が創設された。また、障害者福祉制度においては支援費制度を経て、二〇〇六年の障害者自立支援法に基づく障害者施設等給付制度創設につながった。

子ども家庭福祉・保育においては、本制度の提案から一二年後、紆余曲折を経て、二〇一五年度から子ども家庭福祉・保育制度の一環として子ども・子育て支援制度が創設されたのである。これで、高齢者福祉、障害者福祉、子ども家庭福祉・保育の三分野それぞれに、狭義の公的福祉制度と利用者主権を重視する給付制度との併存システムが実現したことになる。

子ども・子育て支援制度は、いわゆる社会づくり政策としての福祉改革と人づくり政策としての教育改革の結節による所産である。そして、その根底を支える理念は、いわゆるソーシャル・インクルージョン（social inclusion：社会的包摂）でなければならない。すべての子どもと子育て家庭が、切れ目のない支援を受けられる社会、乳幼児期から質の高い教育を受けることができる社会をめざすことを主眼としなければならない。

6　二〇一六年改正児童福祉法にみる子ども家庭福祉の新たな理念

こうした時代の変わり目にあたり、児童福祉法の理念もリニューアルされた。二〇一六年六月三日に公布された改正児童福祉法においては、この間の時代の動向を踏まえ、第一条及び第二条が大幅に改正されている。児童福祉法制定以来、実に七〇年ぶりの理念の改正である。その条文は以下のとおりである。

第一条　全て児童は、児童の権利に関する条約の精神にのつとり、適切に養育されること、その生活を保障されること、愛され、保護されること、その心身の健やかな成長及び発達並びにその自立が図られることその他の福祉を等しく保障される権利を有する。

第二条　全て国民は、児童が良好な環境において生まれ、かつ、社会のあらゆる分野において、児童の年齢及び発達の程度に応じて、その意見が尊重され、その最善の利益が優先して考慮され、心身ともに健やかに育成されるよう努めなければならない。

②児童の保護者は、児童を心身ともに健やかに育成することについて第一義的責任を負う。

③国及び地方公共団体は、児童の保護者とともに、児童を心身ともに健やかに育成する責任

を負う。

そのうえで、第三条においては、これらが子ども家庭福祉の原理であることが示され、第三条の二では、国及び地方公共団体が児童の保護者を支援する義務が規定されている。

序章でも述べたとおり、その条文は受動態記述であり、子どもの受動的権利の保障にとどまっていることは残念ではあるが、第一条の冒頭において、子どもの能動的権利をも保障する「児童の権利に関する条約にのっとり……」と規定されるなど、これまでより大きく前進したことは間違いがない。

また、第二条において、「児童の年齢及び発達の程度に応じて、その意見が尊重され」、「その最善の利益が優先して考慮され」と、子どもの権利条約の文言が盛り込まれたことも、意義あることである。さらに、子どもの養育における保護者の「第一義的責任」を規定するとともに、国、地方公共団体の「保護者支援の責務」を明確に規定したことも、重要な点である。

7　子ども家庭福祉、保育の今後の方向

子ども・子育て支援制度の創設は、利用者主体の視点や当事者の権利性を重視した仕組みの

導入であるといえる。子ども・子育て支援法は、その理念について、「子ども・子育て支援は、父母その他の保護者が子育てについての第一義的責任を有するという基本的認識の下に、家庭、学校、地域、職域その他の社会のあらゆる分野における全ての構成員が、各々の役割を果たすとともに、相互に協力して行われなければならない」（第二条）と述べており、社会全体での子ども・子育て支援を強調している。前述したとおり、児童福祉法は子ども・子育てに対する「公」による責務を強調しており、児童福祉法と子ども・子育て支援法が相まって、親の子ども・子育て支援が推進されると考えられる。

保育サービスにも、こうした二つの視点が重要である。つまり、公的責任において対応すべき事例、すなわち、虐待や貧困、障害などについては第一優先順位としてチームによる最大限の配慮をもって保育し、それ以外の場合は、施設の内外に社会連帯に基づく共生社会が創出される保育をめざしていくこととなる。

つまり、一人ひとりの子どもの尊厳を大切にし、子どもが今このときを主体的に生き生きと過ごすことをめざし、一人ひとりの可能性が最大限に発揮できるよう側面的に支援し、また、そうした子どもたちに寄り添うことを大切にする保育である。主体的に遊び、主体的に生活する子どもは、保育者に支えられながらそこに起こる葛藤やその克服を通じて他者にもその権利があることを認識できるようになり、そんな他者とともに生きることに喜びを見出すことができるようになる。それが、福祉の視点から見た保育ということになるのではないだろうか。

これからの子ども家庭福祉の理念に深く関わる座標軸は、以下の四つである。第一は、「子どもの最善の利益」であり、第二は、それを保障するための「公的責任」である。第三は、人と人とのゆるやかなつながり、協働をめざす「社会連帯」である。そして、最後に、「子どもの能動的権利の保障」、すなわち、子どもの権利に影響を与える事柄の決定への参加の保障があげられる。このいわゆる公助と共助の視点に、市場に基づくサービス供給体制の多元化をどのように組み込んでいき、かつ、社会的排除（ソーシャル・イクスクルージョン：social exclusion）をなくしていくことができるかが検討課題となる。つまり、公助、共助、自助の最適ミックスによって社会的包摂（ソーシャル・インクルージョン：social inclusion）を実現する社会のありようが、最も必要とされているのである。

子ども家庭福祉において、子どもの最善の利益を図る公的責任は必須である。そのことは、近年の子ども虐待問題の深刻さをみれば明らかである。しかし、その一方で、公的責任のみが重視されることは、人と人とのつながり、社会連帯の希薄化をますます助長することとなり、公的責任の範囲は限りなく拡大していくこととなる。また、公的責任の下におかれている子どもの存在を、社会全体の問題として考える素地を奪ってしまうことにもつながる。

これからの子ども家庭福祉の理念は、「子どもの権利保障」と「子育て支援」を根幹にすえながら、「子どもの最善の利益を図る公的責任」の視点と、「社会福祉における利用者主権、サービスの普遍性」確保の視点、「社会連帯による次世代育成支援」すなわち、つながりの再構築という視点、の三つを整合化させるという困難な課題に立ち向かっていかなければならないのである。それだけに、子ども家庭福祉の理念を問うことは、まさに、この国や社会の在り方そのものを問うことともなると、自覚しなければならない。子どものウエルビーイング(11)は、こうした社会づくりから始まるのである。

文献

網野武博『児童福祉学――〈子ども主体〉への学際的アプローチ』中央法規出版、二〇〇二年。

柏女霊峰『子ども家庭福祉・保育の幕開け――緊急提言　平成期の改革はどうあるべきか』誠信書房、二〇一一年。

柏女霊峰『子ども家庭福祉論（第四版）』誠信書房、二〇一五年。

柏女霊峰『子ども・子育て支援制度を読み解く――その全体像と今後の課題』誠信書房、二〇一五年。

社会福祉士養成講座編集委員会（編）（網野武博・柏女霊峰・渋谷昌史編集委員）『児童や家庭に対す

(11)　ウエルビーイング（well-being）とは、世界保健機関（ＷＨＯ）憲章において「身体的、精神的、社会的に良好な状態にあること」を意味する概念である。子ども家庭福祉においては、個人の権利保障や自己実現をめざす目的概念として用いられている。

る支援と児童・家庭福祉制度（第六版）』中央法規出版、二〇一六年。
山縣文治『現代保育論』ミネルヴァ書房、二〇〇二年。

第3章　待機児童問題の隠れた課題

待機児童問題が政策課題となって久しい。特に、二〇一五年度からは、政府も本腰を入れて取り組み始めている。ようやく待機児童問題に光が当たった格好だ。待機児童問題については、すでにさまざまな論者がその要因と対策を論じている。待機児童統計の不明確な定義に基づく地域間格差、子育ての自己責任論（高齢者介護との相違）、高齢者中心型社会保障、財源不足、若者の政治無関心、人口の都市集中問題と地方創生の必要性、保育士不足、奨学金という借金が保育士では返却できない、土地不足、近隣の苦情など、その要因と克服策の提案は出尽くした感がある。これらをふまえ、政府も、二〇一六年度早々に待機児童解消緊急対策を策定し、待機児童解消並びにそのための保育士確保策等についてさまざまな対策を決定している。二〇一七年度予算案においては、保育士等の待遇向上に大きな進展が図られることとなった。

筆者は子ども家庭福祉を専門としている。本章では、その視点から、保育士不足に関連しこれまであまり語られていない「保育士資格」の在り方について検討し、保育所待機児童問題の一つの要因とされる保育士不足の克服について提言を試みたいと思う。そのうえで、保育者として大切にすべきことを、現行保育所保育指針の人間観、保育観から考察することとしたい。

1 保育士資格とは

保育士資格は、子どもの福祉の総合的法律である児童福祉法第一八条の四に規定される名称独占資格[1]である。「この法律で、保育士とは、第一八条の一八第一項の登録を受け、保育士の名称を用いて、専門的知識及び技術をもつて、児童の保育及び児童の保護者に対する保育に関する指導を行うことを業とする者をいう」というのが正式な条文である。児童福祉法における「児童」は一八歳未満の者をいうこととされ、保育士は一八歳未満の児童の保育とその保護者に対する保育指導を業務とする国家資格である。ここにみるとおり、保育士は、義務教育就学前の乳幼児に対する保育（early childhood education ＆ care：エデュケア）と、就学後から一八歳未満の児童の養護等のケアワーク（childcare work）ならびにそれらの保護者に対する保育に関する支援を行う専門職として規定されているのである。

2　保育士資格法定化への道のり

保育士資格の前身である保母資格は、児童福祉法が完全施行される直前の一九四八年三月三一日に公布された児童福祉法施行令第一三条に、「児童福祉施設において、児童の保育に従事する女子を保母といい、……」として初めて規定された。

当時は、狭義の社会福祉専門職は法定化されておらず、「保母」資格もいわゆる法定ではなかったとはいえ、社会福祉専門職の資格としてその先頭を走ることとなった。児童福祉法が要保護児童を児童福祉施設で保育・養護することを決め、そのための専門的人材として保母が施行令に規定されたのである。こうして、一九四九年から保母養成が始まった。

その後、保母たちによる保母資格の法定化運動が進められ、一時は厚生省（当時）も保母資格の法定化を進めた。しかし、結局保母資格は法定化されず、一九八九年に社会福祉士及び介護福祉士法が制定・公布され、保母資格はその後塵を拝することとなった。こうして保母資格

（1）　名称独占とは、サービスの利用者を保護する観点から、ある一定の技能を有している者を国家が証明し、その証明を受けた者のみに特定の名称の使用を認めることをいう。つまり、保育という行為は誰が行ってもよいが、プロの保育と素人の保育とは質が異なり、それを利用者や第三者が見分けられるようにすることが名称独占の意義であるといえる。

の法定化は頓挫するが、保母資格は、この間、男性にも道が開かれ、また、男性保育者の行政苦情に対する総務庁行政監察局のあっせんを受けてジェンダー的な表現を改めた名称の改正が実現することとなり、児童福祉法施行令の改正により、一九九九年度から「保育士」と名称が統一された。

その後、政府の規制緩和という大きな流れやいわゆるベビーホテルにおける保育士資格詐称、子どもの虐待死事件、次世代育成支援施策の動向などを契機として保育士に対する社会的要請が高まり、急遽、保育士資格の法定化が課題として浮かび上がってくることとなったのである。こうして保育士資格は、二〇〇一年改正児童福祉法に規定され、二〇〇三年一一月から施行されたのである。これまでと比べ、児童福祉施設という働く場所の規定は削除されている。つまり、働く場所を問わず、保育と保護者支援のプロを保育士と呼ぶこととしたのである。

3　保育士をめぐる近年の動向

保育士資格の現状

このようにして生まれた保育士資格であるが、近年の保育士不足にみるとおり、保育士になりたがらない、ないしは保育士として就職しても途中で離職してしまう保育士が後を絶たないのが現状である。

保育士の業務を一言でいえば以下のようになるであろう。すなわち、「保育士の業務は多忙、かつ、感情労働(2)のためストレスも高いが、やりがいもある。また、その業務に比べ専門性の認知度が低く、待遇も十分ではない」ということである。では、何がそうさせているのか。いろいろな要因があるが、保育士資格の内容そのものが他の国家資格と比較して魅力の乏しいものになっていること、それを社会が容認していることもその一因といえるだろう。

保育士資格をめぐる近年の動向

近年の待機児童問題への取組の本格化に伴い、保育士不足が深刻化している。これに対応し、①保育士の待遇強化、②保育所・保育士センターの設置と保育士確保対策の推進、③地域限定保育士の創設、全国統一試験の複数化など保育士養成の拡充、④保育士配置の規制緩和などの施策が次々と実施されている。特に④では、児童福祉施設の設備及び運営に関する基準等の改正により、緊急やむを得ない措置とはいえ、配置に必要な保育士、保育教諭の一定割合を子育

(2) 感情労働とは、感情の抑制や鈍麻、緊張、忍耐など、本来の感情を押し殺して業務を遂行することが求められる労働のことである。米国の社会学者ホックシールド（Hochschild. A. R.）が提唱した働き方の概念である。肉体労働、頭脳労働などと対比される。

て支援員等に代えることができる省令改正が実施された。

また、幼保連携型認定こども園の創設に伴い保育教諭が生まれたことは、福祉職としての保育士から教育職としての保育教諭への動きを加速させることとなる。このことは、いわゆる認定こども園法附則の検討事項である「幼稚園教諭、保育士資格の一体化を含めた在り方の検討」に影響を与えることとなるだろう。

さらに、放課後児童クラブの放課後児童支援員、利用者支援事業の利用者支援専門員、障害者相談支援事業の障害児相談支援専門員、保育所等訪問支援事業の訪問支援員などの新たな資格の基礎資格として、保育士の活動範囲の広がりもみられている。保育士は、まさに時代の流れに翻弄されているといってよい。

4 保育士資格、保育士の課題

保育士資格の主な課題は、以下のとおりである。

①国家試験が免除されている。
②独自の資格法がない。

③ステップアップの資格がない、資格の更新制がない。
④体系化された研修の保障がない。
⑤二か年の就学期間で幼稚園教諭免許との併有が奨励されるなど、就学前集団保育に特化されすぎている。
⑥小学生以上のケアワーク、被虐待や非行、障害に対するケアワークの専門性が弱い。
⑦保育指導業務（保育士の専門性を生かした保護者支援業務：保育相談支援）が求められながら、その位置づけや専門性の確立が不十分である。
⑧児童福祉施設、医療現場以外で働く保育士の全国統計がない。
⑨待遇が十分でない。
⑩キャリア・パス、キャリア・ラダーがない（主任保育士が法定化されていない、担任制度がないなど）。
⑪日本社会福祉士会、日本介護福祉士会といった職能団体がない。
⑫幼稚園教諭との併修が期待されると同時に一年の追加で介護福祉士の資格が取得できるなど、ケアワークへの近接もあり、資格のメインの専門性がみえにくい。
⑬児童福祉施設における職員配置基準が、児童指導員と保育士を合わせた数で算定されていることにみられるように、ケアワークとソーシャルワークの専門性の分化があいまいなま

まとなっている。

⑭規制緩和等により、地域型保育事業や企業主導型保育事業等で保育士資格を有しない者の保育業務従事が拡大しつつある。

なかでも、都道府県登録システムで国家試験が免除されていることは、その待遇の劣悪さとも連動している。教育職は免許制度であり更新制が適用されるが、保育士は資格であるため資格の更新制も適用されない。これなど、保育士は「子どもと遊ぶ仕事」、「子どもを預かる仕事」という社会の認識と大きく関連していることは間違いがない。

また、教育職なのかケアワーク職なのかその位置づけが不明確であり、厚生労働省からは介護福祉士との資格の共通化が、文部科学省からは幼稚園教諭との資格・免許の共通化が求められている現状である。さらに、介護支援専門員といったキャリアアップ資格や職場内でのキャリア・ラダーが確立できていないことも、待遇の悪さに直結している。さらに、保母時代のような児童福祉施設といった働く場の規定こそなくなったものの、保育士法といった独自の資格法がなく、児童福祉法のなかに規定されていることも、その活躍の場を制限することと結びついていると考えられる。このように、保育士資格には、その成立に至る経緯からも、多くの課題を抱えたまま現在に至っているのである。

5　課題克服のために必要な視点と保育士をめぐる動向

保育士資格の課題解決のために求められる基本的視点

課題克服のために、確認しておかなければならない基本的視点がいくつかある。それは、以下の点などである。

①幼児期の教育への投資は、社会的・経済的効果をもたらすということ。
②発達障害や被虐待など保育・養育に専門性を必要とする事例が増加していること。
③保護者対応、支援の強化が求められていること。
④保育士として長く続けられる環境づくりと待遇の向上が必要とされること。
⑤規制緩和が進むなかで、保育専門職にしかできないことがあること。
⑥児童福祉法における「保育」の定義と学校教育法による「保育」の内容が異なっており、「保育」の定義規定を「教育」と合わせて見直す必要があること[3]。

（3）　法令上の「保育」の概念並びに「教育」概念との比較については、柏女霊峰「法令からみた乳幼児期の『保育』と『教今後、こうした視点について一つひとつ詳細な検証・検討が必要とされる。

保育士資格の課題克服、保育の質の向上のために必要とされること

以上をふまえ、現時点における保育士資格の今後の在り方について列挙すると、以下の点が指摘できる。

①介護福祉士同様（二〇二二年度卒業生から施行とこれまで延期されているが……）、養成校で受験資格取得後の国家試験導入を図る必要がある。また、社会福祉士及び介護福祉士法に倣い、保育士独自の資格法制定が必要であり、その前提として、保育士資格の在り方（教育職か福祉職かなど）について検討を行い、社会的合意を得る必要がある。

②保育士資格の構造化や分化を検討する必要がある。たとえば、二年の共通課程に、就学前保育課程、養育福祉課程、療育課程、医療課程、子育て支援課程等を上乗せして三年課程以上にするなど、専門性の向上を図ることが必要とされる。なお、少なくとも就学前保育士と施設保育士は分化し、施設保育士を養育福祉士としてその専門性を強化する必要がある。

③これらの検討とあわせ、さらなる待遇向上を図る必要がある。特に、長く勤務できるよう

ベテラン職員の給与改善とともに、長く続けられる福利厚生やキャリア支援（キャリア・ラダーの構築）が必要とされる。子育て支援専門員や管理保育士などキャリアアップ資格も検討する必要がある。

なお、二〇一七年度予算案において、特に保育所保育士（幼保連携型認定こども園の保育教諭等を含む）の待遇改善について、以下の改正が行われることとなったことは画期的である。①全職員に対する二パーセント（月額六〇〇〇円程度）の処遇改善、②職務分野別リーダー（経験おおむね三年以上で担当する職務分野の研修を修了して発令された者）：月額五〇〇〇円アップ、③副主任保育士（経験おおむね七年以上で職務分野別リーダーを経験し、マネジメント＋三つ以上の研修を受講して副主任保育士として発令された者）並びに専門リーダー（経験おおむね七年以上で職務分野別リーダーを経験し、四つ以上の研修を受講して専門リーダーとして発令された者）：月額四万円アップ、④研修分野として乳児保育、幼児教育、障害児保育、食育・アレルギー、保健衛生・安全対策、保護者支援・子育て支援、保育実践、マネジメントの八コースを創設。

育』――幼保連携型認定こども園の創設を機に考える」『保育通信』第七三〇号、二〇一六年を参照されたい。なお、本書第4章はその文献を初出としている。

6　保育所保育指針、全国保育士会倫理綱領から考える保育士が大切にしなければならないこと

次に、保育士が大切にしなければならないことを、特に二〇〇八年に告示された保育所保育指針からみておきたい。現在、二〇一八年度からの施行に向けて新保育所保育指針案が示されているが、ここに提示する点は、時代が変わっても大切にしなければならない諸点であると考えられる。

「受け止める」ことの大切さ

保育所保育指針は、総則その他随所において、子どもの思いや保護者の意向、気持ちを「受け止める」ことや「受容」の大切さを主張している。「受け止める」ことや「受容」は、「受け入れる」ことや「許容」とは異なっている。子どもや保護者の行動の意味や思いをしっかりと受信できて初めて、子どもの発達促進や保護者支援、保護者の理解や協力を得るための発信ができることも肝に銘じておきたい。なお、保育者の保育と保育指導のスキルは受信型と発信型に分けられ、その結果、図3-1のように整理できる。

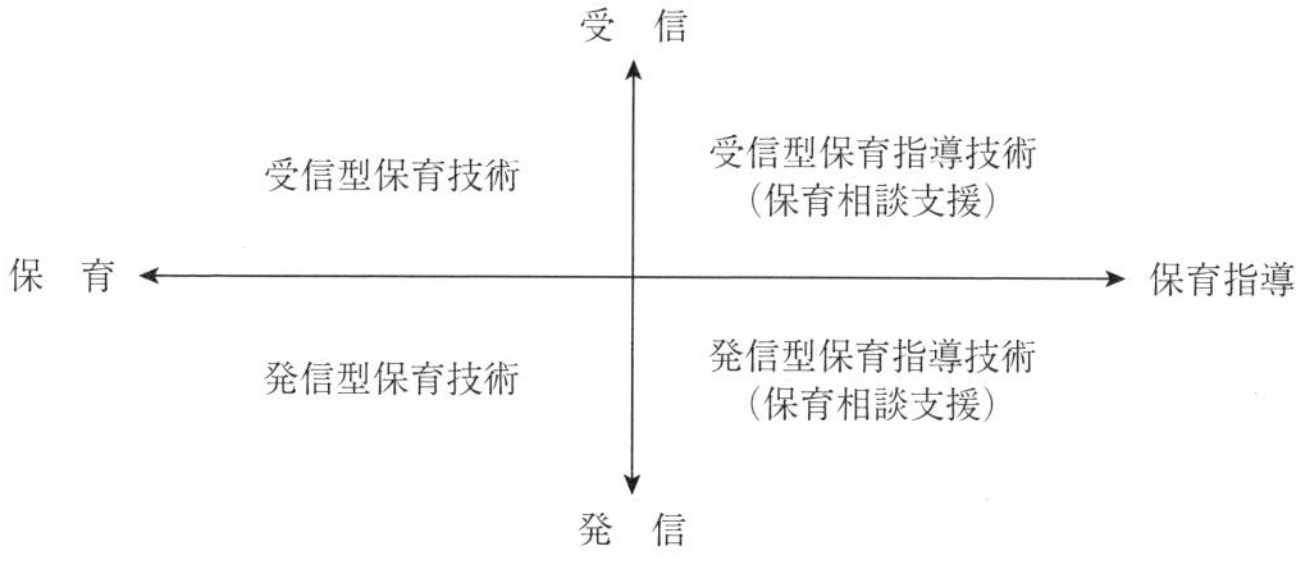

図３－１　保育士の技術

出所：網野武博・無藤隆・増田まゆみ・柏女霊峰『これからの保育者にもとめられること』ひかりのくに，2006年，178頁より一部修正。

従来、保育士の研修は、図３－１でいえば、右下の発信型保育技術に主流が置かれているといえるだろう。各種表現遊びの展開などがそれである。保育士の専門性が語られるときは、「お遊戯ができる」「絵本の読み聞かせができる」といったことが取り上げられるのも、このことを表している。そのことを否定するつもりはまったくないが、今後は、子どもの気持ちをしっかりと受け止める受信型の保育技術や保育指導のための技術、つまり、次項に述べる保育相談支援技術を深める研修が幅広く行われていくことが必要であろう。

子どもの保護者に対する支援（保育相談支援）

二〇〇八年告示の保育所保育指針が「保育士等の専門性を生かした保護者支援」や「保育所に入所している子どもの保護者に対する支援」を明確に打ち出した点は画期的である。指針第六章においては、保育者の保護者支援の原理が七点、明確に示されている。それらは大きく保護者支援の目的と手段に分けられるが、第一の「子どもの最善の利益を重視する」を除けば、「(二) 保護者とともに、子どもの成長の喜びを共有すること」、「(四) 一人一人の保護者の状況を踏まえ、子どもと保護者の安定した関係に配慮して、保護者の養育力の向上に資するよう、適切に支援すること」の二つが「目的」を示す大切な原理である。

今後、特に、まだその専門性の確立が十分ではない「保育士の行う児童の保護者に対する保育に関する指導業務」、解説書において「保育指導」業務[4]と規定され、かつ、保育士養成課程において「保育相談支援」と規定されている業務の原理や技術の体系化が強く求められてくることになる。この点に関し、筆者らは、別途、試論[5]を展開しているので、参考にしていただきたい。

保育相談支援技術とは、主として意識化、外在化された子育ての問題や課題を有する保護者に対して、保育士の五つの保育技術[6]を基盤とし、保護者の気持ちを受け止めつつ支持、承認、解説、情報提供、助言、行動見本の提示、物理的環境の構成、体験の提供等を行う技術(柏女・橋本、二〇〇八)であり、柏女・橋本らの研究によって、二六の技術が確認されている(柏女ら、二〇〇九)。保育相談支援は、保育の技術と保育相談支援の技術の組み合わせによって展開されていると捉え、その可視化を進めている。保育相談支援という援助技術の体系化が求められる。

保育士の資質向上

保育所保育指針では、保育士の力量を倫理、知識、技術、判断の四点に整理している。保育士の業務は保育と保育指導の二つであり、また、前述したとおりそれぞれに受信型と発信型の二種があると考えられるため、保育士のコンピテンシー（力量）は大きく、4×2×2＝16となる。むろん、それぞれ重複もあるが、これを自身に当てはめてみることを通して、得意分野や課題などが見えてくる。今後、保育士の資質向上や研修体系を考える際には、この一六の視点を視野に入れていくことが必要とされる。

特に、保育士養成課程において、保育者に求められる資質をふまえて新しく保育士養成科目

（4）保育指導について、保育所保育指針解説書は、「子どもの保育の専門性を有する保育士が、保育に関する専門的知識・技術を背景としながら、保護者が支援を求めている子育ての問題や課題に対して、保護者の気持ちを受け止めつつ、安定した親子関係や養育力の向上をめざして行う子どもの養育（保育）に関する相談、助言、行動見本の提示その他の援助業務の総体」と定義している。これは、筆者らの研究、柏女霊峰・橋本真紀・西村真実・高山静子・山川美恵子・小清水奈央『保育指導技術の体系化に関する研究』こども未来財団、二〇〇九年に基づいて提示した定義がもとになっている。

（5）柏女霊峰・橋本真紀『保育者の保護者支援——保育指導の原理と技術』フレーベル館、二〇〇八年及び、柏女霊峰・橋本真紀（編著）『保育相談支援（第二版）』ミネルヴァ書房、二〇一六年など。

（6）五つの保育技術として、「発達援助の技術」「生活援助の技術」「環境構成の技術」「遊びを展開する技術」「関係構築の技術」があげられている。厚生労働省『保育所保育指針解説書』二〇〇八年、一三頁及び、柏女霊峰・橋本真紀（編著）『保育相談支援（第二版）』ミネルヴァ書房、二〇一六年、五九-六二頁参照。

とされた「保育者論」、「保育課程論」、「保育相談支援」などの科目の学びが必要とされる。

変わらない保育観——人間のいのちの神秘と絆、民主的人間関係の育成

保育サービスの改革に立ち向かうためには、保育サービスに従事する保育士の保育観、人間観をゆるぎないものとして確立しておかねばならない。保育所保育指針は、乳幼児の発達について、「子どもの発達は、子どもがそれまでの体験を基にして、環境に働きかけ、環境との相互作用を通して、豊かな心情、意欲及び態度を身に付け、新たな能力を獲得していく過程である」とし、そのうえで特に大切なこととして、「愛情豊かで思慮深い大人による保護や世話などを通して、大人と子どもとの相互の関わりが十分に行われることが重要である。この関係を起点として、次第に他の子どもとの間でも相互に働きかけ、関わりを深め、人への信頼感と自己の主体性を形成していくのである」と述べている。保育所保育指針における子どもの発達過程と人間の神秘について、以下の指針の文章（第二章「2　発達過程」）からたどってみたい。

（一）おおむね六か月未満

…（前略）…これに応答的に関わる特定の大人との間に情緒的な絆が形成される。

（二）おおむね六か月から一歳三か月未満

…（前略）…特定の大人との応答的な関わりにより、情緒的な絆が深まり、…（後略）…

（三）　おおむね一歳三か月から二歳未満

歩き始め、手を使い、言葉を話すようになることにより、身近な人や身の回りのものに自発的に働きかけていく。…（後略）…

すなわち、おおむね六か月未満においては特定の大人との応答的関係により絆が形成され、それが一歳三か月頃までに深化していくことで、特定の大人との愛着関係、絆が形成されるのである。その発達過程を経て初めて、子どもは「歩き始め、手を使い、言葉を話すように」なるのである。こうした子どもの発達過程に対応する保育者の関わりについては、第三章の「2　保育の実施上の配慮事項」に、以下のように示されている。

（二）　乳児保育に関わる配慮事項

イ　一人一人の子どもの生育歴の違いに留意しつつ、欲求を適切に満たし、特定の保育士が応答的に関わるように努めること。

（三）　三歳未満児の保育に関わる配慮事項

ウ　探索活動が十分できるように、事故防止に努めながら活動しやすい環境を整え、全身を使う遊びなど様々な遊びを取り入れること。

エ　子どもの自我の育ちを見守り、その気持ちを受け止めるとともに、保育士等が仲立ちとなって、友達の気持ちや友達との関わり方を丁寧に伝えていくこと。

（四）三歳以上児の保育に関わる配慮事項

エ　けんかなど葛藤を経験しながら次第に相手の気持ちを理解し、相互に必要な存在であることを実感できるよう配慮すること。

オ　生活や遊びを通して、きまりがあることの大切さに気付き、自ら判断して行動できるよう配慮すること。

ここに示されていることを筆者なりに整理すれば、大人と子どもとの間の絆をもとにして、人として生きるのに欠かせない民主的な人間関係の取り結び、個の尊重などを培う保育士の役割として捉えられる。保育者は、まず、特定の子どもとの応答的な関わりを続けて、子どもとの絆をつくりあげる。絆、安全基地ができた子どもは、歩き始め、手を使い、言葉を話すことができるようになり、外界との接触を開始し、他児とのコミュニケーションや探索活動を開始する。保育士は、それに対応して探索に適した環境を整え、また、子ども同士円滑なコミュニケーションが図れるよう仲立ちを行うのである。つまり、これまでの応答的環境という配慮された人間関係から、個と個のぶつかり合いという民主的な人間関係の取り結びへと、子どもたちは動いていくこととなる。保育士は、その成長を支援するのである。

やがて、三歳以上児になると、子どもたちは葛藤等を通して他者と共存することの大切さや楽しさを学び、そして、それが「きまり」があることによって担保されることに気づいていく。つまり、性格や関心の異なる一人ひとりの子どもたちが共存していくために、三歳未満児では「保育士の仲立ち」が必要であったが、年長児になると「きまり」がその役割を果たしていくことになる。保育士の役割は、子どもたちの「仲立ち」をすることから「見守り、必要に応じ介入」することへと、成長に伴い変化していくこととなる。そして、そのことが、生きる力の基礎を培う保育士の最大の専門性と捉えられるのである。[7] なお、こうした視点については、二〇一八年度から施行される新保育所保育指針にも引き継がれている。

全国保育士会倫理綱領を学ぶ

全国保育士会倫理綱領の学びも、基礎的な保育観を確認するために重要である（表3-1）。

（7）なお、この視点と保育士の関わりの解説については、拙著『子ども家庭福祉・保育の幕開け』誠信書房、二〇一一年で詳述している。

表３－１　全国保育士会倫理綱領

　すべての子どもは，豊かな愛情のなかで心身ともに健やかに育てられ，自ら伸びていく無限の可能性を持っています。

　私たちは，子どもが現在（いま）を幸せに生活し，未来（あす）を生きる力を育てる保育の仕事に誇りと責任をもって，自らの人間性と専門性の向上に努め，一人ひとりの子どもを心から尊重し，次のことを行います。

　　私たちは，子どもの育ちを支えます。

　　私たちは，保護者の子育てを支えます。

　　私たちは，子どもと子育てにやさしい社会をつくります。


(子どもの最善の利益の尊重)
1．私たちは，一人ひとりの子どもの最善の利益を第一に考え，保育を通してその福祉を積極的に増進するよう努めます。
(子どもの発達保障)
2．私たちは，養護と教育が一体となった保育を通して，一人ひとりの子どもが心身ともに健康，安全で情緒の安定した生活ができる環境を用意し，生きる喜びと力を育むことを基本として，その健やかな育ちを支えます。
(保護者との協力)
3．私たちは，子どもと保護者のおかれた状況や意向を受けとめ，保護者とより良い協力関係を築きながら，子どもの育ちや子育てを支えます。
(プライバシーの保護)
4．私たちは，一人ひとりのプライバシーを保護するため，保育を通して知り得た個人の情報や秘密を守ります。
(チームワークと自己評価)
5．私たちは，職場におけるチームワークや，関係する他の専門機関との連携を大切にします。
　また，自らの行う保育について，常に子どもの視点に立って自己評価を行い，保育の質の向上を図ります。

(利用者の代弁)
6．私たちは，日々の保育や子育て支援の活動を通して子どものニーズを受けとめ，子どもの立場に立ってそれを代弁します。
　また，子育てをしているすべての保護者のニーズを受けとめ，それを代弁していくことも重要な役割と考え，行動します。

(地域の子育て支援)
7．私たちは，地域の人々や関係機関とともに子育てを支援し，そのネットワークにより，地域で子どもを育てる環境づくりに努めます。
(専門職としての責務)
8．私たちは，研修や自己研鑽を通して，常に自らの人間性と専門性の向上に努め，専門職としての責務を果たします。

社会福祉法人 全国社会福祉協議会
全国保育協議会
全国保育士会

全国保育士会倫理綱領は、保育所保育士等の全国団体である全国保育士会と保育所の全国団体である全国保育協議会が二〇〇三年に採択した倫理綱領である。つまり、専門職倫理と職場倫理の両方を兼ねる綱領といえる。全文は前文と八か条からなるが、その意味するところは、以下のとおりである。

まず、前文では、すべての子どもの受動的権利と能動的権利を認め、子どもが自ら育つ力を支え、保護者の子育てを支え、さらに、子どもの育ち、子育てを支援する専門職として、そこから見えてくることを社会に対して発信し、子どもと子育てにやさしい社会を創り上げることを高らかに謳いあげている。そして、続く八か条において、保育士の社会的使命と責務を簡潔に示している。

第一条は、保育士が依拠すべき行動原理は「子どもの最善の利益の尊重」であることを表現している。第二条から第四条は、対人援助、子どもの発達支援の専門職である保育士の「利用者に対する倫理」を表現している。第二条は子どもと関わる際の原理であり、それは「子どもの発達保障」であることを示している。続いて第三条は保護者と関わる際の原理であり、それは「協力関係」、すなわち、保護者とのパートナーシップであることが示される。第四条は、その両者を支援する際の根源的倫理として、プライバシーの尊重、すなわち、保育や保護者支援を通して知り得た個人の秘密の保持と個人情報の適切な取扱いを提起している。

続いて第五条は、所属機関（この場合は保育所等）における業務改善のための努力を表現している。それは、職場内のチームワークと外部とのネットワークを図る姿勢、自己点検・自己評価に基づいて業務の改善に努力する姿勢として示される。第六条、第七条は、社会との関係に関する倫理を表現している。第六条は、保育を通して理解された子どもと保護者のニーズを、社会に対して代弁することを求めている。そのうえで、行政や地域社会に働きかけていくことを表現している。第七条は、地域のネットワークによって子育て家庭に対する支援を進め、子どもと子育てにやさしい地域社会づくりに貢献することを誓っている。保育士が、福祉社会づくりをめざす社会福祉職の側面をもつことを示す条文といえよう。

最後の第八条は、文字どおり専門職としての責務を表現している。それは、第一条から第七条までに示されている社会的使命・責務を誠実に果たしていくこと、そのための研修、自己研鑽に励むこととされている。全体を通じ、簡潔な表現のなかにも専門職としての厳しい自覚と守るべき倫理が示されているといえる。

保育者の視点

こうしたことを勘案すると、保育者は以下の四つの立ち位置を縦横に駆使しつつ、子どもと親とのよりよい関係の構築や子どもの発達の保障に取り組んでいる専門職といえる。

・親と子の間に介在し、よりよい親子関係の形成に寄与する。
・子どもとの応答的な関係を取り結び、子どもの安全基地となる。
・子ども同士の間に介在し、仲立ちをし、子ども同士の民主的な人間関係の取り結びを支援する。
・子ども同士がきまりを守りつつ自主的に活動する場を見守り、必要に応じて介入する。

7　今後に向けて

二〇一七年二月七日の朝日新聞に、厚生労働省が、看護師、介護福祉士、保育士等の養成課程に「共通基礎課程」を創設するという報道[8]がなされた。少子高齢社会のますますの進展を背景に、地域共生社会の実現に向けて、医療・福祉系人材の有効活用を図ることを目的としたものである。一方、保育士資格は幼稚園教諭免許との併有化も進められている。保育士養成をめぐり、厚生労働省と文部科学省が綱引きをしている状況である。保育士資格は、どこに向かお

（8）厚生労働省・「我が事・丸ごと」地域共生社会実現本部「『地域共生社会』の実現に向けて（当面の改革工程）」二〇一七年、九頁参照。

うとしているのか。保育士は福祉職なのだろうか、それとも教育職なのだろうか。

現在のように保育士の専門性を評価せずに次々と規制を緩和し、保育施設に子どもを詰め込み、みなし保育士の参入を進める政策では、問題の根本解決にはならない。わが国の将来を考えれば、迂遠のようではあっても、保育士資格のアイデンティティを整理し、その専門性を強化し、待遇向上を図り、仕事のやりがいを高めることこそが、真の待機児童対策につながるのである。

文献

柏女霊峰『子ども家庭福祉サービス供給体制——切れ目のない支援をめざして』中央法規出版、二〇〇八年。

柏女霊峰・橋本真紀『保育者の保護者支援——保育指導の原理と技術』フレーベル館、二〇〇八年。

柏女霊峰（監修）、全国保育士会（編）『改訂版　全国保育士会倫理綱領ガイドブック』全国社会福祉協議会、二〇〇九年。

柏女霊峰『子ども家庭福祉・保育の幕開け——緊急提言　平成期の改革はどうあるべきか』誠信書房、二〇一一年。

柏女霊峰『子ども家庭福祉論（第四版）』誠信書房、二〇一五年。

柏女霊峰『子ども・子育て支援制度を読み解く——その全体像と今後の課題』誠信書房、二〇一五年。

柏女霊峰・橋本真紀（編著）『保育相談支援（第二版）』ミネルヴァ書房、二〇一六年。

第4章　法令からみた乳幼児期の「保育」と「教育」

幼保連携型認定こども園の要領の名称は、結局、「教育・保育要領」となった。筆者は、二〇一三年六月から開始された「幼保連携型認定こども園保育要領（仮称）の策定に関する合同の検討会議」で、要領の名称は「保育要領」とすべきと発言した。他の多くの委員の意見も同様であったかと記憶している。しかし、結果的には、「教育・保育要領」とされたのである。

その理由は、「要領は告示であり、そのもとになる法律、つまりいわゆる認定こども園法[1]の定義に基づくことが求められるから」であった。そのことは理解しつつも、それを超えて「保育要領」としないと、現場の混乱は収まらないと説いたつもりであった。

二〇一二年八月に公布された子ども・子育て支援法及びいわゆる改正認定こども園法は、就

(1)　法律の正式名称は、「就学前の子どもに関する教育、保育等の総合的な提供の推進に関する法律」である。以下、「認定こども園法」と呼ぶ。

学前の「保育」と「教育」の定義を初めて法定化した。その定義は、これまでの「保育」と「教育」を巡る混乱に、さらに拍車をかけるものであった。本章では、法令を中心とする「保育」と「教育」について改めて整理することとする。

1 「保育」と「教育」の法律上の定義とその整理

従来の定義

学校教育法第二二条は幼稚園を「幼児を保育」するところと規定し、幼稚園教諭の業務も、同法第二七条第九項で「幼児の保育をつかさどる」こととしている。幼稚園教育要領では教育課程に関わる部分は「教育」といわれるが、この「教育」とそれ以外の要素（「養護」など）や活動（子育て支援など）も含め「保育」と総称されている。また、第二三条は、「幼稚園における教育は、前条に規定する目的を実現するために……、行われるものとする」とし、第二五条では、教育課程と保育内容は教育要領で定めるとしている。つまり、学校教育法は、幼稚園の目的である「心身の発達を助長すること」（第二二条）全体を「保育」と総称し、その大部分を占める重要な業務を「教育」とし、それは、大臣告示である幼稚園教育要領によるとしたのである。つまり、幼稚園は、教育課程に基づく教育を中心としつつ、その他の業務も展開しており、それらのすべてを含めて保育と呼んでいると理解できる。

一方、保育所は児童福祉法第三九条第一項に「保育を必要とする乳児・幼児を日々保護者の下から通わせて保育を行うことを目的とする」児童福祉施設と規定されており、保育士は、同法第一八条の四において「児童の保育と児童の保護者に対する保育に関する指導」[2]を行う専門職と規定されている。そのうえで、児童福祉施設の設備及び運営に関する基準第三五条並びに保育所保育指針において、保育所で行う「保育」[3]を「養護及び教育を一体的に行うこと」と規定しているのである。

つまり、子ども・子育て支援制度施行前は、「保育」の用語の混乱はみられつつも、こと就学前に関しては、乳幼児に対する教育的働きかけを含むすべての活動を総称して、学校教育法、児童福祉法とも「保育」の言葉を充てていたのである。これは、わが国の保育政策にも大きな影響を与えた倉橋惣三[4]も指摘する考え方であり、思想、ミッションであるといえる。無藤[5]も整

(2)　児童福祉法にいう「児童」は満一八歳未満の者をいう。したがって、保育士の子どもに対する業務である「保育」は、一八歳未満の児童に対する支援業務（ケアワーク）をいう。

(3)　この場合の「保育」は乳児・幼児、すなわち就学前児童を対象とする保育所における「保育」を指し、いわゆる保育士の業務としての規定である「保育」より年齢範囲は狭く、また、その内容も、ケアワークより幅広い概念を内包している。これら「保育」の概念整理については、今後の課題とされる。

理しているとおり、『保育』という用語自体は愛護性を中核とする大人による子どもの生活保障と健全育成の営みを指す」概念として定着していたといえるのである。

ところで、二〇〇六年に公布された認定こども園法は、幼稚園教育要領に基づく教育課程において行われる行為を初めて「教育」として法文上に規定した。しかし、考え方としては、これまでの学校教育法、児童福祉法並びにそれらに基づく政省令における考え方を踏襲するものであったといえる。

子ども・子育て支援法及び改正認定こども園法に基づく新たな定義と今後の課題

こうした状況のなかで、二〇一二年八月に公布された子ども・子育て支援法、改正認定こども園法は、初めて「保育」と「教育」の定義規定を法定化することとなった。子ども・子育て支援法第七条第二項及び改正認定こども園法第二条第八項には「教育」の定義が掲げられており、それによると、「……学校において行われる教育をいう」とされている。また、「保育」は、子ども・子育て支援法同条第三項及び改正認定こども園法同条第九項により、「児童福祉法第六条の三第七項に規定する保育をいう」と定義されている。そして、その児童福祉法該当条文には、「養護及び教育（満三歳以上の幼児に対する学校教育を除く）を行うことをいう」と規定されている（一部表現を変更）。つまり、「保育」とは「養護と教育（学校教育を除く）を行う行為」

と定義される。これが基本的前提となるので、教育・保育要領にいう「教育」は「学校教育」を指し、「保育」は「学校教育以外の教育と養護を行う行為」として記述されることとなる。

このように、子ども・子育て支援制度の創設によって、これまで「保育」で統一されていた就学前の心身の発達を助長する行為が「保育」と「教育」に分断されてしまったことになる。なお、この点は、教育基本法にも通ずるところがある。教育基本法第一条（教育の目的）並びに第一一条（幼児期の教育）にいう「教育」は、学校、保育所、家庭などそれが行われる場所を問わないものであるが、第六条（学校教育）にいういわゆる学校における教育は、学校という舞台において実施される体系的、組織的教育をいうものとしている。

これを幼保連携型認定こども園における保育、教育に当てはめると、保育時間、教育時間に行われる行為はいずれも教育を含む行為とされるが、保育時間は「学校教育を含まない教育」つまり「保育」、教育時間は「学校教育」ということになる。このような「保育」と「教育」

(4)　この点は、大宮も倉橋の文献を引用しつつ「ケア、つまり養護と一体となった教育だから『保育』と書いてあるのだ」と考察している。大宮勇雄「子ども・子育て支援制度の『教育』『保育』観を問う」『保育通信』第七二四号、二〇一五年、一九頁。

(5)　無藤隆「乳幼児期の教育を子ども・子育て支援制度の今後のなかで考える」『保育通信』第七二四号、二〇一五年、六頁。

の使い分けは、いわゆる子ども・子育て支援法や認定こども園法という枠のなか、すなわち子ども・子育て支援制度の枠のなかの用語といってよい。しかし、混乱は各方面に及ぶ。

冒頭に述べたように、幼保連携型認定こども園教育・保育要領の名称が認定こども園法の世界で整合性があるといっても、教育基本法[6]にいう「幼児期の教育[7]」の世界全体からみれば、保育所も幼稚園も幼保連携型認定こども園も同じ「幼児期の教育」施設でありながら、認定こども園法の定義に従えば、幼稚園には「教育」があり、保育所には「教育」がないということが法定化されたことになる。しかしながら、認定こども園法にいう「教育」、つまり「学校教育」が「保育」において行われる内容と違いがなければ、それらの用語は舞台が異なる意味しかもちえないこととなる。

このことは、遠山[8]も、「学校教育」という用語を「児童福祉法と学校教育法の改変を最小限度にとどめながら保育所と幼稚園を一体化した幼保連携型認定こども園をつくるため……」の関係者によるやむを得ない苦心の策として導入されたものであると推察している。そのうえで、「この言葉をそれ以上に受け取るべきではない」と考察している。筆者も子ども・子育て新システム検討会議作業グループ幼保一体化ワーキング・グループで幼児教育の用語を不適切として学校教育に修正するよう発言した経緯[9]もあり、遠山の見解と同意見である。そのうえで、拙著[10]において、用語の整理や法改正は必要だが、「当面は、実務レベルで乗り越えていくことが必要とされる」と述べ、実践者の叡智に委ねることが適当と述べている。

（6）鯨岡は、教育基本法が、「教育」を学校における教育のみならず「教育基本法が『教育』という言葉を広く家庭での育てる営みにも就学前子育て支援施設でも育てる営みにも、適用してしまう」ことをあげ、これが、教育基本法自体が「教育」という用語をダブルスタンダードにしてしまっていると述べている。その意味では、「保育」の整理とともに、「教育」の整理も必要とされる。鯨岡峻「教育基本法を読んで」『保育通信』第七二四号、二〇一五年、一四頁。

（7）「幼児期の教育」は教育基本法第一一条にいう用語であり、保育所における教育も含む概念である。一方、「幼児教育」は文部科学省や中央教育審議会で使用される用語であり、幼児期の「学校教育」を連想させる用語である。したがって、「幼児教育」という用語は誤解を与えやすいため、保育所における教育を含む教育概念としては「幼児期の教育」という用語が適切である。

（8）遠山洋一「子ども・子育て支援制度と乳幼児期の教育について考える——戦後七〇年に寄せて」『保育通信』第七二六号、二〇一五年、七頁。

（9）ちなみに、「学校教育」という用語が政府資料に初めて登場したのは、二〇一一年五月一一日開催の子ども・子育て新システム検討会議作業グループ幼保一体化ワーキングチーム第八回会合の資料2‐1幼保一体化について（案）のなかの幼保一体化の目的「⑴質の高い学校教育・保育の一体的提供」においてである。その前の第七回会合の同参考資料幼保一体化について（案）には「⑴質の高い幼児教育・保育の一体的提供」と表記されている。第七回会合において筆者は、幼児教育の用語が誤解と混乱を招きやすいと提起し、「これから『幼児教育』という言葉は使わないほうが私はいいのではないかと思います。『学校教育・保育給付』でもいいですけれども、……」と発言している。そして、この発言は、現場に保育と教育の混乱をこれ以上広げないための苦肉の策であったと理解している。

（10）柏女霊峰「第3章　幼保連携型認定こども園教育・保育要領を読み解く」柏女霊峰『子ども・子育て支援制度を読み解く——その全体像と今後の課題』誠信書房、二〇一五年、四八頁。

2　「保育」と「教育」の内容

保育、教育の目標と方法

次に、保育所で行われる「保育」と幼保連携型認定こども園や幼稚園といった学校で行われる「教育」の内容にどのような違いがあるか、法令で確認してみることとする。そのためには、保育所保育指針、幼保連携型認定こども園教育・保育要領、幼稚園教育要領の三告示を比較することが最も適切である。

ここでは紙幅の関係もあり、保育所保育指針と幼稚園教育要領を基本的に合本して作成されている幼保連携型認定こども園教育・保育要領を中心に、保育所保育指針と比較しながらみてみることとしたい。なお、保育所保育指針と幼保連携型認定こども園との詳細な比較については、拙著(11)をご参照いただきたい。

教育・保育要領の第一章総則の第一の「1　教育及び保育の基本」と「2　教育及び保育の目標」から読み解くと以下のようになる。まず「1　教育及び保育の基本」では、認定こども園法第二条第七項の目的を達成するための教育及び保育の基本が語られる。同法第二条第七項は幼保連携型認定こども園の設置目的について、「この法律において『幼保連携型認定こども園』とは、義務教育及びその後の教育の基礎を培うものとしての満三歳以上の子どもに対する教育並びに保育を必要とする子どもに対する保育を一体的に行い、これらの子どもの健やかな成長が図られるよう適当な環境を与えて、その心身の発達を助長するとともに、保護者に対する子育ての支援を行うこと」と規定している。そして、教育・保育要領には、この目的を達成するため、「乳幼児期の特性及び保護者や地域の実態を踏まえ、環境を通して行うものであることを基本とし、家庭や地域での生活を含め園児の生活全体が豊かなものとなるよう」努めるとしている。

続いて「2　教育及び保育の目標」では、幼保連携型認定こども園は、保育及び教育の目標として前述の認定こども園法第九条第一項に掲げられた六つの目標を「園における生活を通して、生きる力の基礎を育成するよう」達成に努め、このことにより、「義務教育及びその後の教育の基礎を培うとともに、子どもの最善の利益を考慮しつつ、その生活を保障し、保護者と共に園児を心身ともに健やかに育成するものとする」ことが語られる。なお、第九条に規定する六つの目標については、三歳未満児の保育にも当てはまるとしている。また、幼保連携型認

(11)　柏女霊峰「第3章　幼保連携型認定こども園教育・保育要領を読み解く」柏女霊峰『子ども・子育て支援制度を読み解く――その全体像と今後の課題』誠信書房、二〇一五年ほか。なお、同書四〇-四一頁には、保育所保育指針と幼保連携型認定こども園教育・保育要領の内容の比較表を掲載しているので、あわせてご参照いただきたい。

定こども園における教育・保育は、計画的に環境を構成することにより、生活と遊びを通して行われるべきことが規定されている。

つまり、幼保連携型認定こども園で行われる教育・保育は、六つの目標を通して「生きる力の基礎を培う」ことを目標とし、「環境を通して行う」こと、「生活と遊びを通して行う」ことである。そして、六つの目標は、少しずつ文言は異なれどもその意図するところは、保育所保育指針（第一章総則に示された六つの目標）や学校教育法第二三条の五つの目標やそれに基づく幼稚園教育要領の内容と変わらないものである。なお、学校である幼保連携型認定こども園と幼稚園には「義務教育及びその後の教育の基礎を培う」の文言があるが、保育所保育指針には見当たらない。これは保育所が学校ではないからと考えられ、保育所保育指針では「健全な心身の発達を図る」「子どもの状況や発達過程を踏まえ、保育所における環境を通して、養護及び教育を一体的に行う」「子どもが現在を最もよく生き、望ましい未来を作り出す力の基礎を培う」（いずれも第一章総則）などとして、それと同等の主旨が示されている。したがって、実質的には同じことを述べていると理解することができる。つまり、教育であっても保育であっても、めざすべき山の頂上とその方法は変わらないのである。

保育、教育の内容

では、それぞれの施設における保育、教育の内容に違いはあるのであろうか。これを確認するためには、幼保連携型認定こども園教育・保育要領第二章の「ねらい及び内容並びに配慮事項」と保育所保育指針第三章の「保育の内容」並びに幼稚園教育要領の第二章「ねらい及び内容」を比較すればよいこととなる[12]。

いずれの告示においても、ねらい（園児が修了までに育つことが期待される生きる力の基礎となる心情、意欲、態度のこと）や内容（ねらいを達成するために指導する事項）が、「健康」「人間関係」「環境」「言葉」「表現」の五領域にわたって示されている。また、教育や保育の実施にあたっては、それらを発達の過程やその連続性をふまえて柔軟に取り扱うとともに、配慮事項をふまえなければならないことが示されている。なお、保育所保育指針にみられる「養護に関わるねらい及び内容」は、幼保連携型認定こども園教育・保育要領では第一章第三に移動している。三告示とも「ねらい」は多少の文言の相違はあっても中身は同じであり、就学前保育、教育の到達点、すなわち山の頂上の姿に違いがないことが示されている。また、それに至る方法で

(12)　筆者は、二〇〇八年度に告示された保育所保育指針並びに幼稚園教育要領の改訂の会議に両方とも参加した。筆者のほか無藤隆氏、秋田喜代美氏なども両会議に参画し、それぞれのねらいや内容について、それらの歴史や意義なども踏まえつつ、できる限り同一の文言となるよう検討した経緯がある。

ある具体的「内容」については、教育・保育要領においては、保育所保育指針に示される主として三歳未満児の養護と深く関わる項目がいくつか削除されている。これは、三歳未満児に関する事項は「学校教育」ではないとして、配慮事項に移動されたことによる。この点を除けば、三告示での相違点は、教育・保育要領並びに幼稚園教育要領の「環境」の「内容」末尾に「国旗に親しむ」[13]があるが保育所保育指針にはみられないという点のみと考えられる。つまり、保育、教育のねらいや内容も三告示ともほとんど違いがないといえる。

教育課程の編成について

最後に、学校教育であることを示す「教育課程の編成」は、どのようになっているであろうか。この点については、保育所は全体にわたる保育課程を編成し、幼保連携型認定こども園は教育及び保育の内容に関する全体的な計画を作成し、幼稚園は学校教育部分について教育課程を編成することとされている。いずれも保育要録や指導要録を作成することとなっており、これらの仕組みにはほぼ違いがない[14]といえる。

また、幼保連携型認定こども園では「教育及び保育の内容に関する全体的な計画」を作成するが、そのなかには、「教育課程に係る教育時間の教育活動のための計画」も構成要素とされており、いわゆる「教育課程」も含まれている。しかし、幼保連携型認定こども園教育・保育要領解説(15)には「これらの計画はそれぞれに作成するものではなく」とされ、「園児の園生活全体を捉えた計画」として策定されるべきことが示されている。

このように、教育と保育と名称は異なれどもその中身はほぼ変わらないといえる。したがって、教育課程に基づく教育とそれ以外の保育との相違は、幼保連携型認定こども園教育・保育要領において区別することができず、実践現場における工夫等に委ねたとも考えられるのである。これらは、前述した苦心の策である用語の矛盾が露呈したともいえる部分であり、こうした定義の限界を示しているといえる。

---

(13)　この項目はすでに以前から幼稚園教育要領には規定されており、幼保連携型認定こども園が「学校」であることを念頭に、両者の整合性が図られたことになる。保育所保育指針にその文言がないのは立法趣旨の違いであり、実質的な差異はないといえる。なお、二〇一八年度から施行される新保育所保育指針においては、教育要領との一層の整合性を図る観点から「国旗に親しむ」ことが加わることとなっている。

(14)　幼稚園や幼保連携型認定こども園の指導要録は転園先にも送付することとされているが、保育所児童保育要録は進学先のみであるなど若干の相違はある。

(15)　内閣府・文部科学省・厚生労働省「幼保連携型認定こども園教育・保育要領解説」二〇一四年、六一頁。

3 「保育」と「教育」――文化の相違を超えた実践現場における工夫を

「保育」と「教育」の整理

これまでみてきたことを整理すると、以下のとおりである。すなわち、三告示とも内容的に子ども観、保育観に相違はなく、実施すべき保育の内容についても差はない。つまり、認定こども園法上の定義からいえば、「保育」、「教育」はいわゆるそれが行われる舞台（児童福祉施設か学校か）の違いであり、保育内容に違いはないといえる。同じ演目が行われていても、その舞台が学校かそうでないかで「教育」と「保育」に分けられてしまう結果となり、結果的に、幼保連携型認定こども園では教育課程を編成すべきといいつつ、その中身を規定することができなくなってしまったのである。

しかし、筆者は、学校教育法と児童福祉法の「保育」並びに「教育」の用語の整理に手を付けないままではこの矛盾はやむを得ないと考えており、今後の抜本的検討に委ねられるべき課題と考えている。なお、実践現場においては、前述したとおり、このような問題に拘泥することなく、実践の積み重ねにより、学校教育と保育（養護と教育を行う行為）とをひとつながりのものとしていくことが求められるだろう。

文化の相違を超えた現場実践の工夫

こうしてみてくると、「保育所から幼保連携型認定こども園に認可替えすると、法令上、教育内容や方法を変えなければならないのか」という問いに対しての答えは、論理的に「NO」とならざるを得ない。また、法令上、教育課程に該当する教育時間は一日「四時間」が標準であり、四時間でなければならないというものではない。事実、保育所から幼保連携型認定こども園に認可替えをした園では、教育時間を六時間としているところも多いと聞く。また、教育週数も「三九週以上」であり、園によっては、夏季休暇を実施せずに一号認定の子ども(16)の登園を奨励している園もある。そのことが、全体を一つながりのものとしてみていくことに慣れている保育所のミッションに沿うのであろう。法令遵守は必要であるが、法令の規定をそれぞれの園のミッションに照らして工夫していくことが求められているのである。

とはいえ、「保育」と「教育」には、その舞台が長く異なっていたがために独自につくられてきた文化の違いがあり、それらが三告示の表現に微妙に影響している点も指摘しておかねば

(16)　子ども・子育て支援法第一九条第一項第一号の認定を受けた子ども（満三歳以上の小学校就学前子どもであって学校教育のみ受ける子ども）をいう。以下、二号認定の子ども（満三歳以上の小学校就学前子どもであって、保育を必要とする子ども）、三号認定の子ども（満三歳未満の保育を必要とする子ども）は、それぞれ本条文の第二号、第三号の認定を受けた子どもを指す。

ならない。たとえば、「指導」という用語が教育・保育要領では固有名詞（指導計画、安全指導など）や法律用語を除いて一四回出現するのに対して幼稚園教育要領では一四回、保育所保育指針では〇回であり、また、保育場面における「集団」の用語の出現はそれぞれ九回、四回、三回であるなど、教育・保育要領と保育所保育指針には違いもみられている。[17]

それは、たとえていえば、山を登るためどの道をたどるかというアプローチの違いと考えてもよい。めざす頂上は同じであるし、そのために使用する方法、つまり内容も同じであるが、アプローチが異なると考えられるのである。幼保連携型認定こども園や幼稚園、つまり学校は、保育時間も短く学級集団を中心に考えるため、どちらかといえば集団を対象としてまっすぐに頂上をめざしていくイメージがある。したがって、指導計画も入念に準備され、凝縮した時間が流れていく。片や保育所は、個々の子どもを支援の対象と考え、保育時間が長いこともあって、ゆっくりと回り道をして頂上をめざしていく。ときには、寄り道もできる。したがって、指導計画も子どもの主体性に合わせやすいものとなっている。それは、どちらが良いといった問題ではなく、いわば両施設のもつ特性や歴史的経緯、ひいては文化の相違[18]であるといえる。

今後は、それらの違いを保育場面において確認し合うとともに、相互の交流により、保育所、幼稚園、幼保連携型認定こども園の保育内容がますます高められていくことが必要である。

なお、幼児期の教育（学校教育を含む）は「生きる力[19]の基礎を培う」ものであり、「あと伸びする力」を育てることに主眼が置かれる。つまり、就学後の教育、いわゆる教科教育を先取りして早く実施することではなく、生活や遊びを通して就学後に伸びるような基礎を培うことが

(17)　本章の目的とはずれるが、現在の保育所保育指針においては保護者の実情や意向を「受け止める」という記述が二か所みられるのに対して、幼稚園教育要領や幼保連携型認定こども園教育・保育要領には記載がみられない。この点について、筆者は教育・保育要領のパブリック・コメント時に意見を提出したが、修正はなされなかった。子育て支援を進めるうえで、保護者が置かれている状況や意向を受け止めることは必須のことであり、それなくして「保護者及び地域の子育てを自ら実践する力を高める観点に立って、……」（教育・保育要領第一章総則第三の6）保護者支援を行っても、厳しい環境のなかで呻吟しつつ子育てを行わざるを得ない保護者の共感を得ることはできないであろう。

(18)　筆者は以前、同一法人が隣接して運営する保育所と幼稚園を同時に視察したことがある。そこでは、偶然、弁当づくりという同じプログラムが展開されていた。幼稚園では子どもたちが机を囲んで六人ずつが座り、スライムを使って弁当をつくっていた。子どもたちは弁当づくりに集中しており自ら筆者に話しかけることはなかったが、筆者が話しかけると答えてくれた。担任は立って全体の動きに対応しようとしており、そこには凝縮した時間の流れがあった。

一方、保育所では、子どもたちが机のまわりで思い思いに弁当づくりを行っていたが、筆者が入室すると数人が筆者を席に案内してくれ、つくりかけの弁当を差し出して一緒に食べようと誘いかけ、筆者も仲間の一人として子どもたちの家庭での食事の様子など話を聞きながら、ともに食事場面を満喫した。保育士もそんな話に聞き入っており、そこにはゆったりとした時間の流れがあった。それはどちらも素晴らしい実践であると感じさせられ、まさに、時間の流れや文化の相違を実感する経験であった。

(19)　文部省の中央教育審議会答申（一九九六年）のなかで使用された用語であり、教育改革のスローガンとしての意味ももっている。「自分で課題を見つけ、自ら学び、自ら考え、主体的に判断し、行動し、よりよく問題を解決する資質や能力」「自らを律しつつ、他人とともに協調し、他人を思いやる心や感動する心などの豊かな人間性」「たくましく生きるための健康や体力」などの資質や能力を、これからの社会における「生きる力」と称している。

必要とされるのである。

「保育」と「教育」の実施にあたって必要とされる配慮

幼保連携型認定こども園においては、原則として一号認定の子どもから三号認定の子どもまでが同時に利用することとなるため、一定の工夫や配慮が必要とされる。これは、本来、「保育」や「教育」といった用語の問題とは別次元の問題であるが、学校教育時間が「教育」、それ以外の時間が「保育」と定義されたために、それは「保育」と「教育」の問題となる。

その際、いわゆる午前中から午後にわたる原則八時間の保育を同じ職員集団で進めてきた保育所においては、一号認定の子どもが入園してきた場合に、この点は特に重要となる。具体的には、たとえば、「教育」の時間内にみんなで協同してつくった未完成の積木作品を残しておくこととした場合で、二号認定の子どもが午後に続きをやりたいといったときには、保育所であれば「少しやろうか」と続きを行うことが可能であるが、幼保連携型認定こども園の場合には、一号認定の子どもはすでに帰宅しているため、それぞれの気持ちに配慮した対応が必要とされる。具体的な保育のありようについては職場で十分協議しておくことが必要であるし、事前に子どもや保護者にも説明して了解をとっておくことも必要とされる。

4　残された課題

ここまで、法令上の基準に基づいて、「保育」と「教育」の問題について整理を試みてきた。結論は、それは舞台の違いでしかなく、内容においてほとんど相違はないということであった。「教育」の舞台になったから新しいことをしなければならないわけでもなく、「保育」の舞台における実践が「教育」ではないというわけでもない。法令上は、「学校教育」を行うことになったとしても、内容を変えなければならないわけではない。なぜなら、それは「内容」の違いではなく「舞台」の呼び名の違いでしかないのだから……。であるならば、従来の就学前保育では「保育」という用語を大切にしてきたことを考慮すると、給付の名称そのものも「保育」で統一してよかったのではないかとの思いもよぎる。この点については、普光院[20]も同様の見解を述べている。

なお、以上のこととは別に、法令が求める保育や子育て・保護者支援の質の向上策やツール

(20)　普光院亜紀「子ども・子育て支援制度と乳幼児の教育について考える――親と子の立場からみた新制度の『教育』と『保育』」『保育通信』第七二五号、二〇一五年、六頁。

についても、整理することが必要である。たとえば、具体的な質の向上のための代表的なツールとしては「福祉サービス第三者評価基準　保育所版評価基準ガイドライン[21]」があるが、幼保連携型認定こども園においては策定されていない。幼児期の教育に関する自己点検・自己評価、外部評価、第三者評価の統一もとれていないし、質の向上に不可欠な苦情対応の仕組みも相違がある。幼児期の教育、保育全体の質の向上を図るためには幼保連携型認定こども園、保育所、幼稚園のこうした法令遵守の規定をなるべく揃えていくことが必要であり、これらは今後に残された大きな課題[22]といわねばならない。

文献

普光院亜紀「子ども・子育て支援制度と乳幼児の教育について考える——親と子の立場からみた新制度の『教育』と『保育』」『保育通信』第七二五号、二〇一五年。

柏女霊峰「幼保連携型認定こども園教育・保育要領を読む」全国保育士会（編）『幼保連携型認定こども園教育・保育要領を読む』全国社会福祉協議会、二〇一四年。

柏女霊峰「幼保連携型認定こども園教育・保育要領を読み解く——政府の解説書を踏まえて」全国社会福祉協議会（編）『幼保連携型認定こども園教育・保育要領解説を読む』全国社会福祉協議会、二〇一四年。

柏女霊峰『子ども・子育て支援制度を読み解く——その全体像と今後の課題』誠信書房、二〇一五年。

鯨岡峻「教育基本法を読んで」『保育通信』第七二四号、二〇一五年。

無藤隆「乳幼児期の教育を子ども・子育て支援制度の今後のなかで考える」『保育通信』第七二四号、二〇一五年。

内閣府・文部科学省・厚生労働省『幼保連携型認定こども園教育・保育要領解説』フレーベル館、二〇一五年。

大宮勇雄「子ども・子育て支援制度の『教育』『保育』観を問う」『保育通信』第七二四号、二〇一五年。

遠山洋一「子ども・子育て支援制度と乳幼児期の教育について考える——戦後七〇年に寄せて」『保育通信』第七二六号、二〇一五年。

幼保連携型認定こども園保育要領（仮称）の策定に関する合同の検討会議「幼保連携型認定こども園保育要領（仮称）の策定について」（報告）、二〇一四年。

(21)　筆者は、全国社会福祉協議会が設置している「福祉サービスの質の向上推進委員会」の副委員長並びに児童部会長をしている。委員会では、保育所や社会的養護関係施設の第三者評価基準やそのガイドラインを作成し、また、苦情解決や質の向上に関するさまざまな調査、提言等を行っている。今後は、速やかに、幼保連携型認定こども園の第三者評価基準ガイドラインが作成されるよう願っている。

(22)　なお二〇一八年度から施行される保育所保育指針、幼稚園教育要領、幼保連携型認定こども園教育・保育要領の改訂作業が進められている。新三指針・要領案によると、「学校教育」を中心とする三指針・要領の整合性の強化は図られているが、本章で述べた「保育」及び「教育」の用語の整理には手がつけられていない。したがって、このことは、今後の課題であり続けることとなる。

吉田正幸（監修）、全国認定こども園協会（編著）『認定こども園の未来――幼保を超えて』フレーベル館、二〇一四年。

第5章　地域子育て支援サービスの可能性と限界

本章の目的は、地域における子育て支援サービスについて、保健福祉の観点から捉えて、その現状と課題並びに地域子育て支援の考え方を整理することである。現代の家庭や地域社会は大きく変貌を遂げつつあり、これまで親族や地域社会のお互いの互助によって担われてきた子育て支援も制度化されてきている。本章では、特に、子ども・子育て支援制度において充実が図られている地域子ども・子育て支援事業のなかの、狭義の子育て支援事業を中心に解説することとする。また、子育て支援サービスの充実がめざす社会のありようについても考える必要がある。こうした点についても考察したい。

なお「地域子育て支援」は厳密にいえば、「地域子育て家庭支援」であるが、一般的には、「地域子育て支援」とほぼ同義に使われている。筆者は、これまでの「家庭支援」、「子育て支援」、「子育て家庭支援」、「地域子育て支援」、「子育ち・子育て支援」等の代表的な定義をふまえて、子ども家庭福祉分野において主として検討されるべき「地域子育て家庭支援」についての定義を試みている。いずれ別稿にて報告予定であるが、現在のところ、それは、「子育て家庭が生活を営む地域を基盤とし、子どもの健やかな成長発達に焦点をあて、家庭を構成する成員、特に親子の主体性を尊重しながら、家庭・個人を含めたすべての社会資源と協力しつつ関係機関や地域住民等が協働して子どもの育ちと子育てを支え、また、地域の子育て環境を醸成する営みの総称をいう」としている。なお、本章においては、以上の定義が含まれる用語として「地域子育て支援」を用いることとする。

1　地域における子育て支援の意義

もともと子育て支援は、歴史的には主として血縁・地縁型のネットワークによって担われてきた。しかし、近年の都市化、核家族化等の影響により、こうした血縁・地縁型の子育て支援のネットワークが弱体化し、それに代わるべき子育て支援システムが十分に機能していないこともあって、子どもの養育が両親、とりわけ母親の過重な負担としてかかってくることとなった。また、女性就労の一般化や、子ども期から自然に身につけられていた親準備性(1)の未形成等の現象も相乗的に働き、育児と就労の両立困難といった社会的問題や、子育て不安、子ども虐待に代表される子育ての孤立化も、社会問題として顕在化することとなった。

このような状況に対応するため、社会的子育てネットワークそのほかの、社会的子育て支援システムの整備が求められてくることとなった。地域における子育て支援活動は、こうした需要に応えるための活動として、近年、大きな意義をもっているといえる。

2　地域における子育て支援活動の類型

地域における子育て支援活動とは、次世代育成支援・子ども家庭保健福祉施策のうち、地域における活動、さらには、民間、NPOレベルにおける自主的活動などの総合化された活動を指し、地域において、子どもの育ち、子育て家庭のウエルビーイングを保障する諸活動である。広義の子育て支援活動は、大きく、個別援助活動、子ども育成活動、子育て支援活動の三類型に分類できる。

（1）親準備性とは、広義には「親の役割を果たすための資質」ないしは「親になるための資質」であり、親性準備性とも呼ばれる。岡本・古賀（二〇〇四）によると、親準備性はこれまで「情緒的、態度的、知的に親としての役割を果すために十分なレディネス」、「心理的、行動的、身体的に育児行動を行うために必要な資質を形成していく、あるいは形成された状態」などと定義されている。岡本祐子・古賀真紀子「青年の『親準備性』概念の再検討とその発達に関連する要因の分析」『広島大学心理学研究』第四号、二〇〇四年、一五九－一七二頁。

また、一方で、ソーシャル・サポート・ネットワーク(2)を活用した相談援助活動と、育児グループ支援等の子育て支援活動に、便宜的に類型化することもできる。地域における子育て支援活動に固有の福祉的方法論としては、ソーシャルワーク（社会福祉援助技術）のなかの主要な技術体系としてのコミュニティワーク（地域援助技術）(3)があるが、地域援助活動においては、それ以外の社会福祉援助技術も幅広く活用されている。それらの活動全体は、地域を基盤としたソーシャルワーク実践であるといってよい。つまり、子どもや子育て家庭が抱える個々の生活問題に対して、その人に必要なソーシャルサポート・ネットワークづくりを行い、あるいはケースマネジメント(4)などの手法による問題解決を志向し、かつ、同種の問題が起きないよう福祉コミュニティづくりをめざす活動を、総合的に展開する営みであるといえる。

3　子育て支援事業の制度化とその充実

子育て支援事業は、一九九三年に創設された保育所地域子育てモデル事業や一九九四年のファミリー・サポート・センター事業、主任児童委員制度の創設等を経て、二〇〇三年の次世代育成支援対策推進法と同時に成立した改正児童福祉法において、初めて制度化された。それまでは、制度上は、前述したとおり、子育て支援は親族や地域社会の互助において行われるとの視点に立っていたため、児童福祉法には保育所をはじめとする施設サービスが中心で、放課後児童健全育成事業や子育て短期支援事業などの在宅福祉サービスは、ほとんど法定化されていなかった。

ところが、こうしたシステムが限界に達し、施設サービスである保育所に利用希望が集中するようになったことも一因となって、待機児童問題が発生し、かつ、在宅子育て家庭の子育ての負担感が増大するに至って、政府は、子育てに関しても、高齢者や障害者の介護と同様、在宅福祉サービスを法定化することとしたのである。これが子育て支援事業であった。

二〇〇三年改正児童福祉法においては、「子育て支援事業」を新たに法定化し(5)、それを放課後児童健全育成事業、子育て短期支援事業のほか、主務省令で定める三事業に類型化した。そ

(2)　ソーシャル・サポート・ネットワークとは、社会福祉実践において、公的な機関や専門家によるフォーマルな援助に加え、家族や親類、ボランティアや近隣等によるインフォーマルな資源も含めて、それらを有機的に結合し、多面的に支援するネットワークおよびその形成を図ることである。

(3)　コミュニティワーク（地域援助技術）とは、在宅福祉を核とする地域福祉を展開させるために、地域におけるニーズの質・量の把握と、それに対応する諸サービス供給システムの整備および社会資源の開発、個別的ニーズにサービスを提供するための仲介・調整、サービスの提供等を、総合的、計画的に行う援助技術をいう。

(4)　ケースマネジメントとは、利用者の社会生活における複数のニーズを充足させるため、適切な社会資源を結びつける手続きの総体と理解される。ケアマネジメントの用語もあるが、子ども家庭福祉の場合、子どもの発達や家族のライフコースといった時間軸によって自然にニーズの変容が起こるため、ケースマネジメントの用語のほうが適切と感じている。

して、市町村に対して、子育て支援事業に関する情報の収集及び提供、相談・助言、利用の斡旋、調整、子育て支援事業者に対する要請等を行う責務を規定した。[6]

二〇〇八年改正児童福祉法は、これをさらに充実させるものであり、具体的には、①乳児家庭全戸訪問事業、②一時預かり事業、③地域子育て支援拠点事業、④養育支援訪問事業、といった子育て支援事業が法定化された。

さらに、二〇一二年の子ども・子育て支援法の制定及び児童福祉法改正により、二〇一五年度から新たに利用者支援事業、子育て援助活動支援事業（ファミリー・サポート・センター事業）が法定化され、狭義の母子保健サービスとともに、市町村を中心として保育や子育て支援サービス等の利用援助を図るとともに、地域においてソーシャルワークが展開できるためのシステムづくりがめざされている。

4　地域子ども・子育て支援事業

二〇一五年度からの子ども・子育て支援制度の創設により、狭義の子育て支援事業を含む地域子ども・子育て支援事業は、内閣府の子ども・子育て支援交付金により実施されている。事業は一三事業あるが、[7]そのうち、狭義の子育て支援事業としては、「利用者支援事業」、「子育て短期支援事業」、「乳児家庭全戸訪問事業」、「養育支援訪問事業・子どもを守る地域ネットワーク機能強化事業」、「地域子育て支援拠点事業」、「一時預かり事業」、「子育て援助活動支援事業（ファミリー・サポート・センター事業）の七つがあげられる。

利用者支援事業

利用者支援事業については二〇一四年度から先行実施事業として開始されていたが、二〇一四年度事業に母子保健型を加え、基本型、特定型の利用者支援専門員の養成研修が子育て支援員研修制度に位置づけられるなど一部の変更を経て、二〇一五年度から本格的に実施されてい

（5）　児童福祉法第二一条の九は、狭義の法定子育て支援事業のほか次に掲げる事業であって主務省令で定める子育て支援事業を着実に実施するよう必要な措置を講じなければならないとし、以下の三事業を掲げている。
一　児童及びその保護者又はその他の者の居宅において保護者の児童の養育を支援する事業
二　保育所その他の施設において保護者の児童の養育を支援する事業
三　地域の児童の養育に関する各般の問題につき、保護者からの相談に応じ、必要な情報の提供及び助言を行う事業

（6）　児童福祉法第二一条の一一第一項には、「市町村は、子育て支援事業に関し必要な情報の収集及び提供を行うとともに、保護者から求めがあったときは、当該保護者の希望、その児童の養育の状況、当該児童に必要な支援の内容その他の事情を勘案し、当該保護者が最も適切な子育て支援事業の利用ができるよう、相談に応じ、必要な助言を行うものとする」と規定されている。

（7）　一三事業については、本書第１章を参照。

る。

本事業の目的は教育・保育・保健その他の子育て支援を円滑に利用できるよう支援することであり、事業者は、身近な場所で情報提供や相談・助言等を行い、関係機関との連絡調整も行う。一事業所に一名以上、一定の資格・経験を有し研修を受講した「利用者支援専門員」（基本型、特定型の場合）が配置され、基本型、特定型、母子保健型の三類型の事業となる。利用者支援事業の業務は、公的サービスの利用調整のみならず民間の自主的活動やインフォーマルな社会資源なども含めたさまざまな社会資源を、利用者のニーズに応じて調整し支援することであり、ソーシャルワークにかなり近い業務ということができる。

子育て短期支援事業

この事業は、「保護者の疾病その他の理由により家庭において養育を受けることが一時的に困難となった児童について、厚生労働省令で定めるところにより、児童養護施設その他の厚生労働省令で定める施設に入所させ、その者につき必要な保護を行う事業」（児童福祉法第六条の三第三項）である。

一定期間養育・保護する短期入所生活援助（ショートステイ）事業と、平日の夜間や休日に生活指導や食事の提供等を行う、夜間養護等（トワイライト）事業がある。市町村が実施主体である。

乳児家庭全戸訪問事業

この事業は、「一の市町村（特別区を含む。以下同じ。）の区域内における原則としてすべての乳児のいる家庭を訪問することにより、厚生労働省令で定めるところにより、子育てに関する情報の提供並びに乳児及びその保護者の心身の状況及び養育環境の把握を行うほか、養育についての相談に応じ、助言その他の援助を行う事業」（児童福祉法第六条の三第四項）である。法定化までは、生後四か月までの全戸訪問事業（こんにちは赤ちゃん事業）と呼ばれて補助がなされていた事業である。

養育支援訪問事業・子どもを守る地域ネットワーク機能強化事業

養育支援訪問事業は、「乳児家庭全戸訪問事業の実施その他により把握した保護者の養育を支援することが特に必要と認められる児童（第八項に規定する要保護児童に該当するものを除く。以下「要支援児童」という。）若しくは保護者に監護させることが不適当であると認められる児童及びその保護者又は出産後の養育について出産前において支援を行うことが特に必要と認められる妊婦（以下「特定妊婦」という。）（以下「要支援児童等」という。）に対し、その養育が適切に行われるよう、当該要支援児童等の居宅において、養育に関する相談、指導、助言その他必要な支援を行う事業」（児童福祉法第六条の三第五項）をいう。

また、子どもを守る地域ネットワーク機能強化事業は、要保護児童対策地域協議会（子どもを守る地域ネットワーク）の機能強化を図るため、調整機関職員やネットワーク構成員（関係機関）の専門性強化と、ネットワーク機関間の連携強化を図る取組を実施する事業である。

地域子育て支援拠点事業

この事業は、「乳児又は幼児及びその保護者が相互の交流を行う場所を開設し、子育てについての相談、情報の提供、助言その他の援助を行う事業」（児童福祉法第六条の三第六項）をいう。二〇一二年度補正予算により、従来のひろば型とセンター型を「一般型」に再編し、職員配置や活動内容に応じた支援の仕組みとし、児童館型は「連携型」として実施対象施設を拡充する再編が行われた。

また、機能強化策として、「利用者支援」と「地域支援」を行う「地域機能強化型」が創設されていたが、二〇一五年度から、利用者支援事業の創設により地域機能強化型を再編し、地域支援を拠点事業に付加する。そのうえで、地域子育て支援拠点において利用者支援事業も実施できるようにするものである。この結果、地域子育て支援拠点は、現在では「一般型」と

「連携型」の二区分となっている。

一時預かり事業

この事業は、「家庭において保育（養護及び教育（第三十九条の二第一項に規定する満三歳以上の幼児に対する教育を除く。）を行うことをいう。以下同じ。）を受けることが一時的に困難となつた乳児又は幼児について、…（中略）…主として昼間において、保育所、認定こども園その他の場所において、一時的に預かり、必要な保護を行う事業」（児童福祉法第六条の三第七項）である。二〇一五年度から、保育所型、地域密着型、地域密着Ⅱ型が一般型に再編された。保育士の複数配置を基本としつつ、保育所等と一体的に事業を行う場合には保育士を一名とすることができる。一般型のほか、機能強化した基幹型、幼稚園型（これまでの幼稚園預かり保育）、余裕活用型、訪問型（障害児等）の類型も創設されている。三歳未満児の子育て家庭にとって、もっとも高いニーズに対応する事業である。

子育て援助活動支援事業（ファミリー・サポート・センター事業）

この事業は、乳幼児や小学生等の保護者を会員として、子どもの預かり等の援助を受けることを希望する者と、当該援助を行うことを希望する者との相互援助活動に関する連絡、調整等を行う事業である。子ども・子育て支援法ならびに二〇一二年改正児童福祉法（第六条の三第一四項）において、「子育て援助活動支援事業」として法定化された。

5　利用者支援事業の可能性

利用者支援事業の類型

本事業の目的は、教育・保育・保健その他の子育て支援を円滑に利用できるよう支援することである。本事業には、基本型、特定型、母子保健型の三類型の事業があり、二〇一五年三月に策定された少子化社会対策大綱(8)においては、二〇一九年度末に、基本型、特定型あわせて一八〇〇か所とし、また、母子保健型を中心とする子育て世代包括支援センター（母子健康包括支援センター）(9)は、おおむね二〇二〇年度末までに全国展開をめざすこととされている。

①基本型の概要

利用者支援事業実施要綱によれば、基本型は、子ども及びその保護者等が、教育・保育施設や地域の子育て支援事業等を円滑に利用できるよう、身近な場所において、当事者目線の寄り添い型の支援を実施するものである。実施場所としては、主として身近な場所で、日常的に利用でき、かつ相談機能を有する施設、たとえば地域子育て支援拠点などが考えられている。利用者支援を行う職員は利用者支援専門員と呼ばれ、子育て支援員（地域子育て支援コース）の利用者支援事業（基本型）に規定する内容の研修を修了していることが要件となる。業務としては、利用者の個別ニーズを把握し、それに基づいて情報の集約・提供、相談、利用支援を行うこと、関係機関との連絡・調整、連携、協働の体制づくりを行うとともに、地域の子育て資源の育成、地域課題の発見・共有、地域で必要な社会資源の開発等に努めること、その他利用者支援事業の広報・啓発などである。

②特定型の概要

同じく利用者支援事業実施要綱によれば、特定型は、待機児童の解消等を図るため、行政が地域連携の機能を果たすことを前提に、主として保育に関する施設や事業を円滑に利用できるよう支援を実施するものである。実施場所は、主として市町村窓口である。利用者支援専門員は、子育て支援員（地域子育て支援コース）の利用者支援事業（特定型）に規定する内容の研修を修了していることが要件となる。業務としては、基本型事業の一部であり、行政窓口でのい

（8）「少子化社会対策大綱――結婚、妊娠、子供・子育てに温かい社会の実現をめざして」二〇一五年三月二〇日閣議決定。
（9）これは、フィンランドの「ネウボラ」がモデルとなっている。ネウボラは、妊娠期から子育て期にわたる切れ目のない支援をワンストップで行うための地域拠点であり、妊娠、出産等に係る相談支援や関係機関と連携しての子育てに係る支援を行っている機関である。二〇一六年改正母子保健法により、母子健康包括支援センターとして法定化された。

わゆる利用支援が中心となり、地域連携やソーシャルワーク的支援などまでは実施しない。

③母子保健型の概要

これまでの利用者支援事業の類型である「基本型」、「特定型」に加えて、二〇一五年度予算に基づいて新たに「母子保健型」が創設されている。これは、二〇一四年に制定されたまち・ひと・しごと創生法第八条に基づく「まち・ひと・しごと創生総合戦略」(二〇一四年一二月二七日閣議決定)に規定された妊娠・出産・子育ての切れ目のない支援をめざすもので、妊娠期から子育て期にわたるまでのさまざまなニーズに対して総合的相談支援を提供するワンストップ拠点(子育て世代包括支援センター)を整備するものである。二〇一五年六月三〇日付閣議決定「まち・ひと・しごと創生基本方針」においても、その拡充が規定されている。

本事業の主な内容は、保健師等の専門職が妊産婦等に対して総合的相談を行うとともに、必要なサービスをコーディネートし、切れ目のない支援を実施するものである。また、必要に応じて関係機関と協力して支援プランを策定することにより、妊産婦に対してきめ細かい支援を実施するものである。二〇一四年度に創設された「妊娠・出産包括支援モデル事業」の一部と従来からの「母子保健相談事業」とを統合して制度化したものである。先駆的事業としては、千葉県浦安市の「子育てケアプラン作成等事業」や埼玉県和光市のいわゆる「わこう版ネウボラ事業」、東京都の「出産・子育て応援事業(ゆりかご・とうきょう事業)」などがこれに相当する。

なお、母子保健型については、基本型や特定型のような当事者目線の寄り添い型支援とは異なる専門的支援であり、今後、子育て世代包括支援センターの別称が示すとおり、その在り方について、別途、検討が必要とされるであろうことも付言しておきたい(10)。

利用者支援事業の今後の展開に向けて

利用者支援事業の今後の課題としては、まず、第一に、狭義の子ども・子育て支援制度の枠内の利用者支援を超えて、子ども虐待分野や障害児支援分野の利用者支援、調整機関とどのようにつながれるかということが指摘できる。

たとえば、障害を有している子ども、あるいは気になる状態の子どもの場合、子ども・子育て支援法の世界だけでは十分な支援ができないこともあり得る。その場合に、利用者支援専門員が障害児相談支援事業のコーディネーターである障害児相談支援専門員としっかりつながれ

---

(10)　二〇一五年九月三〇日付厚生労働省雇用均等・児童家庭局総務課少子化対策企画室、母子保健課事務連絡「『「子育て世代包括支援センター」と利用者支援事業等の関係等について』の整理資料の送付について」では、今後、子育て世代包括支援センターの全国展開をめざすうえで、改めて、同センターの意義・役割・機能等について整理するとともに、他の事業との関係について整理を試みている。

るかが課題とされる。子ども・子育て支援制度と障害児支援制度の両方の施策を並行利用するということも多々あるわけであり、その場合には、ワンストップサービスや、あるいは利用者支援の工夫も行われなければならない。障害児支援分野の利用者支援との整合性の確保が、大きな課題となると考えられる。他の分野も包含した包括的な利用者支援のシステムを考えていくことが必要とされる。

第二に、要保護児童対策地域協議会の調整機関との連携も必要とされる。要保護児童対策地域協議会は行政が主体となった要保護児童のための制度的ネットワークであり、構成メンバーには罰則付きの守秘義務が課されるとともに、調整機関の役割も明定されている。この機会に、国の通知である要保護児童対策地域協議会設置・運営指針を改正して、利用者支援事業の事業主体を要保護児童対策地域協議会の構成メンバーとするなどの対応が必要とされる。

と同時に、メンバーではない機関・施設との個人情報の共有のため、「福祉分野における個人情報保護に関するガイドライン」(厚生労働省、二〇一三年三月)を参考に、個人情報の取り扱い等に関するルールを定めておくことも必要とされる。

利用者支援事業の可能性

利用者支援事業は、子どもと家族のためのサービスを「地域」を共通舞台として再構成する役割を担っているといえ、さらには、地域子育て支援拠点事業とともに実施されることで、地域全体をエンパワーしていく重要な意義をもった活動であるといえる。利用者支援事業が、利用者が必要とするサービスの情報提供や利用調整・支援、切れ目のない支援の実現という固有の役割を超えて、地域社会づくりを念頭に置いた支援ができていくかどうかは、これからの実践にかかっているといってもよい。

利用者支援事業は大きな可能性を有する事業であるとともに、その役割を否定するわけではないが、単なる利用支援にその役割を矮小化されかねない事業でもある。インクルーシヴな地域社会づくりは利用者支援事業だけではできないが、本事業がその実現のための大きな可能性を有していることも、また否定できないことであろう。

政府においては、二〇一六年改正児童福祉法をふまえた「市区町村子ども家庭総合支援拠点」運営指針の検討が進められており、今後、地域における包括的・継続的支援体制づくりのなかで、これらの事業の役割・機能が整理されていくことが必要とされる。

6　地域子育て支援ネットワーク

地域子育て支援ネットワークの必要性

子育て支援ニーズをもつ主体は、社会のなかでさまざまな有機的つながりをもって生きている生活者であり、その生活者自体も、種々の心身両面のニーズを複合的にもっている「人」という有機的存在である。子どもや子育て家庭と子育て支援サービスが出会うきっかけは、顕在化したニーズであるとしても、そのニーズの裏には、別のあるいは多くの潜在化したニーズが潜んでいることが多いものである。

たとえば、地域子育て支援拠点を利用する子育て家庭のニーズも多様である。「三世代同居は子育ての手助けが得られる半面、時々息が詰まりそうになる」「本当は仕事と子育てを両立させたい」「夫の育児参加が得られない」「私の存在を認めてほしい」「この子がどうしてもかわいく思えない」「発達が気になる」等々、多様な背景が横たわっている。

したがって、子育て支援にあたっては子ども及びそれを囲む生活全体を視野に入れて援助を考える必要があり、子育て支援におけるチームワーク（機関・施設内部の業務遂行体制）、ネットワーク（外部機関・施設との連絡協調体制）の必要が生じてくる。子育て支援活動が有機的に展開されていくためには、この両者、すなわち、チームワークとネットワークが統合されていることが必要となる。

地域子育て支援ネットワークをどう組むか

地域における子育て支援を幅広く展開していくうえで、子育て支援ネットワークの意義は、大きく以下の二点に集約できる。第一は、制度の隙間に落ちる子ども・子育て家庭をなくすために、お互いがつながって隙間を埋める活動を展開することである。また、第二は、地域の子育て支援団体に共通する問題をともに考え解決策を探ることである。

子育て支援は、第一義的には市町村の責務である。しかし、制度内福祉だけでは、必ず制度の谷間に埋もれる家庭が出てくることとなる。それらを埋めていくのが、民間の制度外活動である。切れ目を埋める民間の制度外活動を活性化し、制度内活動と制度外活動との協働が必要とされるのである。特に、制度の隙間を埋め、課題を抱える子どもや子育て家庭を発見、支援し、必要に応じて専門機関につなぐなど、制度と協働した民間のボランタリーな役割が重要となる。地域のちょっとした手助けが大切な機能を果たすこともある。こうした民間の制度外活動を活性化させ、制度内活動と結びつける機能の一つがネットワーク活動である。そして、こうした活動が、インクルーシヴ（inclusive：包摂的、包容的）な社会づくりを生み出していくことなる。

全国社会福祉協議会では、こうした民間活動の活性化を子ども家庭福祉分野において図るため、二〇一二年三月に検討委員会（柏女霊峰委員長）を設置した。そして、支援を必要とする子どもや子育て家庭等に対して、民間の関係団体等が連携・協働して予防、発見、見守り、支援、当事者の参加等を促すことができるよう子ども家庭福祉にかかるプラットフォームを全国各地域において形成することを念頭に検討を進め、二〇一四年一〇月末に報告書を提出している。

報告書は、子ども・子育て支援制度の創設を機に制度上の課題と民間の取組の視点を整理し、地域の基盤づくりとしてのプラットフォームの意義と想定される活動例を取り上げている。さらに、プラットフォームの基本機能並びにその立ち上げと展開に向けた具体的取組や手順を、表5－1のように整理している。狭義のネットワークづくりとは異なる点もあるが、参考にすべき点も多い。

協働・連携の原理

一口に協働・連携といっても、それはやすやすとできるものではない。そこには、一定の原理が共有化されていなければならない。協働・連携に求められる事項を整理すると、以下のと

表5-1　プラットフォームの展開・運営の進め方（概要版）

立ち上げ時期	ステップ1 立ち上げ	・キーパーソンを見出し，地域の子育て支援団体がゆるやかにつながる，顔の見える関係を構築する。 ・情報交換・課題の持ち寄りと共有・現状把握を行う。
	ステップ2 ミーティング	・立ち上げに際して，当初のコアメンバーを招集し，目的や位置づけ，役割等を確認する。
軌道に乗った時期	ステップ3 ミーティング	・定期的なミーティングを開催する。情報やそれぞれの組織・団体で解決できない課題等を持ち寄り，ケース検討し，対応を協議する。
	ステップ4 活動と連携	・課題解決のための活動を展開する。 ・プラットフォームのコアメンバーに加え，課題対応や支援の展開のために，地域の関係団体・機関と連携・協働する。
	ステップ5 発　信	・課題を抱える子育て世帯に対し，しっかりと相談できる場があることを伝える。 ・課題を抱える子育て家庭等の情報がプラットフォームに集まってくる状況をつくりあげる。
	PDCA	・活動が展開されたあと，その活動についてPDCAを行う。 ・プラットフォーム自体も，PDCAの視点から，活動を円滑かつ効果的に進めることができたのか，役割・機能を評価し必要に応じて改善し，次の取り組みにつなげる。

出所：新たな子ども家庭福祉の推進基盤の形成に向けた取り組みに関する検討委員会「子どもの育ちを支える新たなプラットフォーム――みんなで取り組む地域の基盤づくり（概要版）」全国社会福祉協議会，2014年，3頁。

おりである。

まず、第一に、協働・連携とは、「異なる主体の対等な関係」であることを銘記しておくことが必要となる。決して、どちらかがどちらかを補完する、あるいは上下関係になるということではない。このことの自覚がまず基本となる。

第二に、互いに協働・連携の「相手を知る」ことが必要とされる。相手を知り、顔の見える関係をつくることにより協働・連携は進めやすくなる。第三に、協働・連携の「ミッションと目標を共有する」ことが大切となる。協働・連携によって何を実現するのかという共通理解がないと、どこかでほころびが生じる。そのうえで、第四に、「対話と活動を重ねる」ことが大切となる。価値や文化の異なる主体同士では、思わぬところで行き違いが生じがちである。そのたびに対話を重ね、活動をともに行うことで相互信頼が生まれてくることとなる。

その際、第五として、「長所を生かし短所を補う（互いの資源を生かす）」という視点を忘れるわけにはいかない。それぞれの機関・施設の得意分野と限界、特性の最適な組み合わせが、協働・連携を効果的にしていくことにつながる。そのためには、第六として、「それぞれの得意分野を生かし、かつ、それだけに限定せずそれぞれの機関・施設の活動ののりしろ部分を増やす」ことが必要とされる。のりしろ部分、つまり、相手とつながる余裕がなければ協働・連携には無理がきてうまくいかない。

最後に、それぞれが「自在になる」ことが重要である。いたずらに自らのミッションに拘泥することなく、相手の価値、ミッションに対しても開かれていることが大切である。これらの視点を、具体的実践を振り返る指標の一つとして肝に銘じる必要がある。

7　地域子育て支援ネットワーク立ち上げの実際

筆者らは、地元で子育てネットワーク「流山子育てネット」を立ち上げている。「流山子育てネット」は、流山市子ども・子育て会議のメンバーが発起人となって設立された。流山市は全国的にみても年少人口の増加率が非常に高くなっており、保育、放課後児童クラブの量の確保が最大の課題であるが、それだけにとどまらず、保育の質や子どもの育ちそのものの質の確保、向上が課題とされた。そうしたなか、子ども・子育て会議副会長が呼びかけ人となり、「流山子育てネット」の発足シンポジウム開催を計画することとなった。「どの子も見守られる街、流山」にすることを目標とし、お互いの活動に対する理解を深め、交流を促すことにした。シンポジウムには一〇〇名を超える参加があり、また、寄付金も集まった。何より、各団体がパネルを持ち寄り、活動の様子を参加者が閲覧し、交流パーティも行ったことにより、団体、個人のつながりができあがっていった。ある課題を抱えた団体が、専門の市民団体とつながって新たなプロジェクトを開始することができたりして、ここでできたネットワークが課題解決につながっていく事態もみられた。

二年目は、運営委員を決めて総会も執り行った。寄付金を基に予算を立て、団体のリーフレットを作成し、シンポジウムや啓発活動を実施することとした。シンポジウムテーマについては、多くの子育て支援団体が気になりつつ支援に戸惑いを感じている「発達障害」に焦点を当て、当事者の親や支援者が課題を共有し、また、自身も知的障害のある子を育てる議員を招き、法律の根拠を示しつつ政策提言していく方法等も知る機会となった。

このように、「流山子育てネット」は行政とはゆるやかにつながりつつも、会費や寄付金を基に手弁当で活動をしている。

8　地域子育て支援事業の理念

地域子育て支援事業は曲がり角を迎えている。これまでは、いわば地域社会の互助としてのシステムとして、NPO等によりいわばボランティア的に取り組まれてきた。しかし、それらの活動が制度化され、また、地域子育て支援拠点事業などは、第二種社会福祉事業として社会的責任を担う活動として進められている。当然、利用者の目も厳しくなる。苦情解決の仕組み

表５－２　制度の狭間にあると考えられるケース

(1) 引越しを繰り返し，地域や周囲の人々とのつながりが途切れてしまい，孤立し，課題を抱えても誰も気づく人がいない親子。
(2) 乳幼児健康診査を受診していない親子。
(3) 妊婦健康診査を受診していない妊婦。
(4) 行政の子育て支援サービスや民間の支援活動などに関する情報を得ることが困難な親子。
(5) 障害のある子どもの育児を負担に感じているが，支援を求めることが困難な親子。
(6) 就学している年齢の子どもに非行等問題行動があり悩んでいる保護者。
(7) 乳児を抱えたひとり親家庭で，仕事が休めず，誰の支援も期待できず，子どもを家に放置する保護者。もしくは無資格者が行うベビーシッター等のサービスを利用する保護者。
(8) 精神疾患等疾病により育児が困難な保護者。

出所：新たな子ども家庭福祉の推進基盤の形成に向けた取り組みに関する検討委員会「子どもの育ちを支える新たなプラットフォーム――みんなで取り組む地域の基盤づくり」全国社会福祉協議会，2014年，21頁を筆者一部改変。

の制度化などもなされている。

　しかしながら、地域子育て支援活動は、決して利用者をサービスの単なる受け手とみなすことがあってはならない。むしろ、子育て支援事業という仕組みを導入することによって、地域の人びとのなかにゆるやかなつながり、子育て家庭同士のつながりの再生を図る、という視点を重要視しなければならない。それは、単なる市場ベースのサービスのみでは決して再生されない。

　利用者支援事業のところでも述べたが、地域子育て支援活動は、子どもと家族のための支援を「地域」を共通舞台として再構成する役割を担っているといえ、さらには、地域全体をエンパワーしていく重要な意義をもった活動であるといえる。まさに、ソーシャル・インクルージョン、共生といった理念を実現するための大切な社会資源の可能性をもっている。地域子育て支援活動が、親子の関係をより良くしていくための仲間づくりや親自身のエンパワー、子ども同士の関わりの場を支援する役割を超えて、こうした社会づくりを念頭に置いた支援ができていくかが試されているのである。

地域子育て支援事業は、何をすべきなのか、その目的は何なのか、地域子育て支援事業が制度として組み込まれ、子ども・子育て支援法が施行されて大幅拡充が検討されている今こそ、そのことをしっかりと議論しておかねばならない。

表5－2は、全国社会福祉協議会の報告書が提示した、制度の狭間にあると考えられる事例である。こうした事例に地域子育て支援事業やそれらが手を組んだプラットフォームは、関係機関と協働・連携しつつどのように支援を行うことができるのだろうか。今後、さまざまな実践を集約して、制度内福祉と制度外活動とをつなぎ、地域子育て支援事業の可能性と限界を追求していく必要があろう。

文　献

相澤仁・柏女霊峰・澁谷昌史（編）『子どもの養育・支援の原理――社会的養護総論』明石書店、二〇一二年。

新たな子ども家庭福祉の推進基盤の形成に向けた取り組みに関する検討委員会「子どもの育ちを支える新たなプラットフォーム――みんなで取り組む地域の基盤づくり」全国社会福祉協議会、二〇一四年。

柏女霊峰『子ども家庭福祉サービス供給体制――切れ目のない支援をめざして』中央法規出版、二〇〇八年。

柏女霊峰『子ども家庭福祉・保育の幕開け――緊急提言　平成期の改革はどうあるべきか』誠信書房、二〇一一年。

柏女霊峰『子ども家庭福祉論（第四版）』誠信書房、二〇一五年。

柏女霊峰『子ども・子育て支援制度を読み解く――その全体像と今後の課題』誠信書房、二〇一五年。

柏女霊峰（監修）、橋本真紀（編）『子ども・子育て支援新制度　利用者支援事業の手引き』第一法規、二〇一五年。

柏女霊峰・田中由実「子育て支援のネットワークをどう組むか」『児童心理』一二月号臨時増刊号、二〇一六年。

内閣府「子ども・子育て会議」等資料、二〇一三～二〇一五年。

全国社会福祉協議会「全社協　福祉ビジョン二〇一一」二〇一〇年。

第6章　放課後児童クラブの過去・現在・未来

1　放課後児童クラブの概要と経緯

放課後児童クラブの概要

放課後児童クラブは、放課後児童健全育成事業(1)において営まれる「放課後児童支援員等と児童によって構成される集団」をいう。事業そのものを指す場合もある。社会福祉法上の第二種社会福祉事業として規定され、一定の基準を満たしている事業に対しては補助が行われている。放課後児童健全育成事業は、子ども・子育て新システム検討当初、放課後指導給付（仮称）

(1)「小学校に就学している児童であつて、その保護者が労働等により昼間家庭にいないものに、授業の終了後に児童厚生施設等の施設を利用して適切な遊び及び生活の場を与えて、その健全な育成を図る事業」（児童福祉法第六条の三第二項）。

として個人給付の対象とすることも検討されたが、地域格差が大きいこともあり、結局、子ども・子育て支援法第五九条第一項第五号に規定する地域子ども・子育て支援事業として整理された。市町村が地域のニーズ調査等に基づき実施する旨が法定化され、市町村子ども・子育て支援事業計画に量的整備等の基盤整備を行うことが規定されている。また、これらの事業の質の確保を図るため、「放課後児童健全育成事業の設備及び運営に関する基準」（以下、設備運営基準）が厚生労働省令として定められ、「放課後児童クラブ運営指針」（以下、運営指針）も局長通知として発出された。

放課後児童クラブの経緯

放課後児童クラブは、歴史的には、一九五〇年代後半から母親の就労の増加に伴って、いわゆる「鍵っ子」が社会問題として取り上げられるようになり、いわゆる「学童保育」として、保護者等の自主運営や市区町村の単独補助による事業として全国的に広がっていったことにはじまる。そのため、地域の実情に応じて多様な運営による展開が進められていった。

一九七六年度から、留守家庭児童対策や健全育成対策として厚生省（当時）による国庫補助が開始され、それらの一部は国庫補助事業として展開していくこととなった。さらに、厚生省は児童館をその拠点として活用することを推奨し、児童館実施も増えていくこととなった。一方、当初から学校内設置のクラブも多く、その実施場所や運営主体は多様であった。放課後児童クラブは、このような多様性を包み込みながら年々充実が図られてきた。

一九九八度から施行された改正児童福祉法によって、学童保育は放課後児童健全育成事業として法定化された。そして、二〇一五年度から、子ども・子育て支援制度創設を契機に、対象拡大と基準の策定、放課後児童支援員の資格化、職員の処遇改善のための方策等が実施されて今日に至っている。

2　放課後児童クラブの課題の深刻化と設備運営基準の策定

放課後児童クラブは、こうした発展の経緯もあって、放課後児童クラブの事業主体や運営は地域によって多様であり、これまでは、どちらかといえば多様性を包み込む政策が採られてきた。したがって、国においても、保育所における保育所保育指針のような指針はこれまでつくられていなかった。

ところが、この間の放課後児童クラブに対するニーズの増大や多様化は著しく、クラブの大規模化や待機児童の存在などの課題のほか、開所日数や時間帯に係る一層の多様化が進み、さらに、指定管理者制度(2)の導入等もあって運営実態そのものの多様化が一段と加速されてきた。

自治体によっては、独自に何らかの基準や指針を策定し、その質の担保、向上に取り組み始めるところも出てきた。さらに、地域における子どもの安全・安心の確保も大きな政策課題として浮かび上がってきた。

こうした動向を受け、厚生労働省は、「放課後児童クラブガイドラインについて」（厚生労働省雇用均等・児童家庭局長通知、平成一九年一〇月一九日雇児発第一〇一九〇〇一号）を発出した。このガイドラインは、より良い方向に誘導する指針としての性格を有するものとして作成され、以後、地方自治体における独自のガイドラインの作成や運営の強化などが目立つようになった。

しかしながら、その後も放課後児童クラブ数・利用児童数は大きく増加し、課題もより深刻になってきた。そのため、二〇一四年度には、厚生労働省と文部科学省の共同による「放課後子ども総合プラン[3]」が策定された。これは、五年間（その後、一年前倒しされた）で放課後児童クラブ定員を新たに三〇万人分整備して一二〇万人（後に一二二万人と改定された）とすること、新規開設分の八割を小学校内実施とし、全小学校区（約二万か所）で放課後子供教室[4]と一体的にまたは連携して実施、うち一万か所は一体型で設置することをめざすものである。

そして、子ども・子育て支援制度の施行を機に、放課後児童クラブの量的拡充とともに質の向上も図るため、市町村に放課後児童健全育成事業の設備及び運営に関する基準を条例で策定することが児童福祉法に規定された。こうして、その条例に関する国の基準となる「放課後児童健全育成事業の設備及び運営に関する基準」が二〇一五年度から施行されたのである。

3 「放課後児童クラブ運営指針」の策定

設備運営基準の策定に伴い、放課後児童クラブにおける支援の充実を図るため、これまでの「放課後児童クラブガイドライン」を見直し、運営に関するより具体的な内容を定めた「放課後児童クラブ運営指針」[5]が二〇一五年三月に通知された。その背景には、放課後児童クラブの

---

(2) 指定管理者制度とは、公の施設のより効果的・効率的な管理を行うため、その管理に民間の能力を活用するとともに、その適正な管理を確保する仕組みを整備し、住民サービスの向上や経費の節減等を図ることを目的とする制度であり、二〇〇三年の地方自治法一部改正により創設された。地方公共団体の指定する者（指定管理者）が管理を代行する制度。

(3) 文部科学省生涯学習政策局長・大臣官房文教施設企画部長・初等中等教育・厚生労働省雇用均等・児童家庭局長連名通知「放課後子ども総合プランについて」（平成二六年七月三一日　二六文科生第二七七号・雇児発〇七三一第四号）。同通知の別紙として、「放課後子ども総合プラン」が定められている。

(4) 文部科学省が二〇〇七年度から本格的に開始した事業であり、地域の大人の協力を得て、学校等を活用し、計画的に子どもたちの活動拠点（居場所）を確保し、放課後や週末等におけるさまざまな体験活動や地域住民との交流活動等を支援する事業である。

(5) 筆者は、みずほ情報総研株式会社が厚生労働省から受託した以下の調査研究における調査研究委員会の委員長として、放課後児童クラブ運営指針（案）並びに同解説書（案）の作成に携わった。以下の記述は、その内容に負うところが大きいことをお断りしておきたい。①放課後児童クラブガイドラインの見直しに関する委員会『放課後児童クラブガイドライ

運営の質の平準化という課題とともに、放課後子ども総合プランの推進や対象児童の高学年への拡大、職員の質の確保、障害のある子どもの受け入れ体制の充実、安全対策の充実など、近年の放課後児童クラブの動向をふまえた運営指針が必要という認識があった。

運営指針の実践的目的、意義は、以下の四点にまとめられる。すなわち、①多様な人材によって運営される放課後児童クラブ、放課後児童支援員としてのアイデンティティの共有化、②研修と連動させることにより、職員の資質向上に資するものとすること、③放課後児童クラブ運営の平準化、④放課後児童クラブの支援に関する社会に対しての説明責任（社会にひらくこと）である。このほか、放課後子供教室など他の事業と一体的に実施する場合の留意点を示すことも、目的の一つとなる。

4　運営指針の要点

「放課後児童クラブ運営指針」の内容の特徴

運営指針の内容の特徴は、三つの視点と四つのポイントにまとめられる。まず、三つの視点とは、以下のとおりである。

①放課後児童クラブの特性でもある多様な実態をふまえ、「最低基準」としてではなく、望ましい方向に誘導していくための「全国的な標準仕様」として作成したこと。

②放課後児童クラブが果たすべき役割を再確認し、その役割及び機能を適切に発揮できるよう内容を規定したこと。

③異なる専門性を有して従事している放課後児童支援員等が、子どもと関わる際の共通認識を得るために必要となる項目を充実させたこと。

また、内容の四つのポイントは、以下のように整理することができる。

①放課後児童クラブの特性である「子どもの健全な育成と遊び及び生活の支援」を「育成支援」と定義し[(6)]、そのことをいかに担保するかということを重視して、その育成支援の基本

ンの見直しに向けた調査報告書』みずほ情報総研株式会社、二〇一五年、②放課後児童クラブ運営指針解説書（仮称）（案）作成検討委員会『放課後児童クラブ運営指針解説書（仮称）（案）の作成に向けた調査報告書』みずほ情報総研株式会社、二〇一六年、ほか。

（6）「育成支援」という用語が提示された背景としては、多様な基礎資格・経験を有する放課後児童支援員のアイデンティティの確保、放課後児童クラブにおける支援の内容に関する共通理解の確保が必要だったことがある。放課後児童支援員はさまざまな専門職、子育て支援経験者の集まりであり、その専門性や倫理、大切にするミッションも異なる人材で構成

的な考え方等を第一章総則に新たに記載したこと。

②児童期の発達の特徴を三つの時期区分ごとに整理するとともに、子どもの発達過程をふまえて、集団のなかでの子ども同士の関わりを大切にし、子どもの家庭生活等も考慮して、育成支援を行う際の配慮すべき事項等を第二章に新たに記載したこと。

③子どもの立場に立ち、子どもにとってどのような放課後の生活が用意されなければならないかという観点から、放課後児童クラブにおける「育成支援」の具体的内容を網羅的に記載するとともに、放課後児童クラブが果たすべき事業役割や保障すべき機能を記述したこと。障害のある子どもや特に配慮を必要とする子どもへの対応については、受け入れにあたってのより具体的な考え方や留意点なども加味して第三章に記述したこと。

④運営主体が留意すべき点として、子どもや保護者の人権への配慮、権利擁護、個人情報や守秘義務の遵守及び事業内容の向上に関すること等、放課後児童クラブの社会的責任と職場倫理等について、第四章、第七章に記述したこと。

これら以外にも、保護者との連携、協力関係の大切さ、学校や児童館、地域、関係機関などとの連携等の必要性や他の事業と連携して実施する場合の留意点等について、第三章、第五章において詳しく記述している。

なお、運営指針と同時期に、「放課後等デイサービスガイドライン」(7)が厚生労働省社会・援護局障害保健福祉部長通知の別紙として発出されている。本ガイドラインは、放課後等デイサービスの増加と多様性が著しい現状をふまえ、放課後等デイサービスを実施するにあたって必要となる基本的事項を示したものである。放課後児童クラブにおける障害児童の受け入れや支援にあたっては、このガイドラインも参考になる。

「放課後児童クラブ運営指針」の構成及び各章の概要

運営指針は、第一章から第七章までの構成で、放課後児童クラブにおける育成支援の内容や運営に関する基本的な事項と留意すべき事項などを網羅的に定めている。各章の概要は、以下のとおりである。

①「第一章　総則」

される集団である。したがって、放課後児童支援員が何を行う専門職かということについて、共通する用語が必要とされたことがある。

(7)　厚生労働省社会・援護局障害保健福祉部長通知「放課後等デイサービスガイドラインについて」(平成二七年四月一日障発〇四〇一第二号)。同通知の別紙として「放課後等デイサービスガイドライン」が定められている。

運営指針の趣旨と育成支援の基本的な考え方を示し、全体像を理解できる内容を記述している。

②「第二章　事業の対象となる子どもの発達」

児童期（六～一二歳）の発達の特徴を三つの時期区分ごとに整理し、育成支援にあたって配慮すべき内容を記述している。

③「第三章　放課後児童クラブにおける育成支援の内容」

育成支援を行うにあたって子どもが主体的に過ごし、一人ひとりと集団全体の生活を豊かにしていくために必要となる育成支援の具体的な方法や、障害のある子ども等に適切に対応していくために留意すべきこと、保護者との信頼関係の構築等の内容を記述している。

④「第四章　放課後児童クラブの運営」

設備運営基準に基づく職員体制や集団の規模等の具体的な内容を記述している。

⑤「第五章　学校及び地域との連携」

連携にあたっての情報交換等の必要性や方法等の内容を規定している。

⑥「第六章　施設及び設備、衛生管理及び安全対策」

設備運営基準に基づく施設及び設備の環境整備と、感染症や事故等への対応方法等の具体的な内容を記述している。

⑦「第七章　職場倫理及び事業内容の向上」
　運営主体の責務と放課後児童支援員等の倫理意識の自覚、研修等の事業内容向上の取組内容を記述している。

「放課後児童クラブ運営指針」で使用した用語について

運営指針で使用した用語については、以下のとおりである。
①放課後児童健全育成事業を行う職員は、「放課後児童支援員」（放課後児童健全育成事業の設備及び運営に関する基準第一〇条第一項）とされており、運営指針においてもこれに準じて「放課後児童支援員」の用語を用いた。また、「補助員」を含む場合は「放課後児童支援員等」とした。なお、「職員体制」等慣用として使われている用語はそれに依った。
②「児童」については「子ども」で原則統一したが、個別名称や熟語（「児童期」など）についてはそのまま用いた。
③放課後児童支援員が行う「子どもの健全な育成と遊び及び生活の支援」を総称して「育成支援」と表現した。また、実際の場面では、〈見守る〉〈手助けする〉〈教える〉〈一緒に行動する（遊ぶ）〉など多様な側面が考えられるが、それらを示す言葉としては「援助」を

用いた。なお、育成支援を含めた放課後児童健全育成事業の役割を表す言葉としては「支援」を用いた。

④放課後児童クラブに新たに登録して入る場合を「入所」、放課後児童クラブを辞めることを「退所」と表現した。子どもが日々放課後児童クラブに来て帰る状況については、「来所（あるいは出席）」並びに「帰宅（あるいは退席）」と表現した。

5　放課後児童クラブの拡充と質の向上

量の拡充

放課後児童クラブは、近年、設置数や登録児童数の増加が著しい（二〇一六年五月一日現在、二万三六一九か所、登録児童数約一〇九万三〇〇〇人）が、量的にはまだまだ充足されていない。そのため、近年は大規模化が目立ち、また、待機児童も二〇一六年度五月現在で一万七二〇三人である。

こうした実情を受け、政府において、前述したとおり、二〇一四年度から二〇一八年度末を達成年度とする五年間の放課後子ども総合プランが閣議決定された。なお、その後、プランの達成時期を一年前倒しすることとされた。ただし、この程度では足りず、今後も大幅な拡充が必要とされる。

質の向上

一方で、質の向上も重視された。設備運営基準は、事業でありながら「児童福祉施設の設備及び運営に関する基準」に準拠することとされた。支援の単位（集団の規模）は、おおむね四〇人程度までとし、そこに、有資格者（「児童の遊びを指導する者」であって知事が行う研修を修了した者）である放課後児童支援員を二名以上配置することとしている。そのうち一名を除いて補助員を充てることができる。

この基準に基づき、放課後児童支援員（受講が義務化）、補助員（受講が推奨）の研修カリキュラムが定められ、二〇一五年度から放課後児童支援員の認定資格研修が開始されている。ちなみに、放課後児童支援員の認定資格研修カリキュラムは、六分野[8]、一六科目、二四時間、補助員が受講することが期待される子育て支援員（放課後児童コース）は、一四科目一七時間（うち、

（８）放課後児童支援員認定資格研修の六分野は、①放課後児童健全育成事業の理解、②子どもを理解するための基礎知識、③放課後児童クラブにおける子どもの育成支援、④放課後児童クラブにおける保護者・学校・地域との連携・協力、⑤放課後児童クラブにおける安全・安心への対応、⑥放課後児童支援員として求められる役割・機能の六分野であり、放課後児童クラブ運営指針の構成と対応している。また、子育て支援員（放課後児童コース）の六科目も、これに対応している。

八科目八時間が子育て支援員基本研修科目、六科目九時間が放課後児童コース科目）とされている。放課後児童支援員認定資格研修や子育て支援員研修（放課後児童コース）の科目構成は放課後児童クラブ運営指針に準拠しており、認定資格研修等との連動により、放課後児童クラブ運営指針の浸透がめざされている。このほか、職員の増配置や待遇向上のための措置もとられている。

なお、二〇一七年度予算案においては、放課後児童支援員の経験等に応じた待遇改善が図られることとされている。具体的には、ベースとして全放課後児童支援員の給与を月額約一万円、勤続年数五年以上の研修修了者で月額約二万円、事業所長的立場にある勤続一〇年以上の放課後児童支援員で月額三万円が、それぞれアップするよう提案されている。

6　いわゆる民間学童保育との関係

近年、放課後児童クラブのニーズ拡大とともに、いわゆる放課後児童健全育成事業として行わない類似の事業が主として市場サイドで広がってきている。こうした事業については児童福祉法上の規制にかかわらず運営することが可能となっており、夕食の提供を含む長時間の支援、教科教育や体操、補習等の付加的サービスを組み込みながら実施する事業体も増加している。

こうした事業は保護者の働き方や価値観に応じた多様なニーズに応える役割を有していると

いえ、質の良いサービスの提供を確保しつつ振興を図ることが求められる。そのうえで、利用者がこれらの事業を正確に理解したうえで適切に選択できるよう、市町村窓口において情報提供などを行っていくことも必要と考えられる。

7　放課後児童クラブの未来

設備運営基準の原案策定を諮問された社会保障審議会児童部会放課後児童クラブの基準に関する専門委員会（柏女霊峰委員長）は、七回にわたって審議を行った。そのなかでは、「子どもの最善の利益を保障するための質の確保、向上」と、もう一方で、「地域の実情に応じた多様性に対する配慮」の二つを両立させなければならなかった。高すぎる基準（質）を設定すれば、切り捨てられるクラブが多くなるし、低すぎる基準を設定すれば、基準としての意味がなくなり、質を向上させることにもつながらない。いわば、二つの谷の狭い尾根を歩くかのような作業であった。

また、財政負担者の意見をどうくみ取るかも大きな課題であった。放課後児童クラブの運営費は、全体の運営費の半分を保護者の利用料で賄い、残りを国、都道府県、市町村で三分の一ずつ負担することとなっている。また、国の負担分（つまり運営費全体の六分の一）は、事業主拠出金と消費税を財源としている。基準を高くすることは事業主や保護者の負担を高めることにもつながりかねない。そうした厳しい状況のなかで、この設備運営基準が策定されたといえる。基準はまだまだこれから高められていく必要があるが、近年では、潜在的保育ニーズの顕在化とともに、放課後児童クラブの量の確保も大きな課題とされている。その場合、そこで生活しなければならない子どもの視点を中心に、その生活を守り、安心・安全を確保し、発達を保障するというクラブの使命を、最大限に尊重した拡充策を期待したい。

義務教育や就学前教育・保育施設の基準に比べ、放課後児童クラブの基準は子どもの過ごす時間の長さにかんがみてまだまだ低い。設備運営基準や運営指針を活用して、今後、国・自治体、放課後児童クラブを行う事業主、放課後児童支援員などがそれぞれ事業内容を向上させる努力をすることにより、総体としての放課後児童健全育成事業の質の向上が図られていくことを願いたい。

なお、制度的な今後の課題としては、まず、保護者負担の軽減を図る必要がある。そのためには、運営費における保護者負担の割合を現行の五割からせめて健康保険並みの三割程度にまで軽減することが必要と考えられる。また、低所得者世帯のための利用料の軽減策も必要とされるであろう。さらには、現行は職員のみの費用補助となっているが、今後は、放課後児童クラブ運営事業者の費用補助も考えられなければならない。こうした制度的拡大が量の拡充と同時に実施されないと、放課後児童クラブは子どもの生活を守る機能を果たし得ないのではないかと危惧している。

8　放課後児童クラブと子どもたちの健全育成

健全育成とは、子どもを安心、安全な場所に囲い込むことではない。その意味では放課後児童クラブや放課後子供教室は、児童館と同様、その運営は地域に向かって開かれていなければならない。放課後児童クラブガイドライン（二〇〇七年）の四年後に策定された児童館ガイドライン（二〇一一年）においても、児童館が地域の子どもの健全育成の機能を担う拠点となるべきことがうたわれている。しかし、それらはまだまだ不十分といわざるを得ない。プレイパークや冒険遊び場などの一部がそのような視点を入れた活動を展開しているが、これまた十分な合意が得られているとはいい難い。

子どもたちは、地域で見守られつつ群れて遊ぶことによって育つことが期待されており、放課後児童クラブ等は、それらの中継地点や止まり木として機能することが必要とされている。こうした視点からいえば、放課後児童クラブにおける保護者（地域住民）と放課後児童支援員（子どもに仕事として関わる大人）の連携・協働は、子どもたちが地域で育つために欠かせないものとなる。特に、放課後児童クラブの始まりが保護者の自主的活動であったことを考慮すれば、放課後児童支援員は、保護者たちが相互関係を取り結ぶことを支援するコミュニティワーカーとしての機能も有しているといえる。子どもたちが学校のなかだけに囲い込まれることのないよう、地域とのつながりが求められているのである。

文献

放課後児童支援員認定資格研修教材編集委員会（編）『放課後児童支援員都道府県認定資格研修教材――認定資格研修のポイントと講義概要』中央法規出版、二〇一五年。

柏女霊峰「子ども・子育て支援新制度とこれからの放課後児童クラブ」『日本の学童ほいく』二〇一四年六月号、全国学童保育連絡協議会、二〇一四年。

柏女霊峰『子ども・子育て支援制度を読み解く――その全体像と今後の課題』誠信書房、二〇一五年。

柏女霊峰『子ども家庭福祉論（第四版）』誠信書房、二〇一五年。

日本学童保育学会（編）『現代日本の学童保育』旬報社、二〇一二年。

第7章　共生社会をめざした障害児支援の在り方

1　子ども家庭福祉、障害児支援の動向

二〇一五年度から子ども・子育て支援制度が始まっている。先の章において述べてきたとおり、本制度の淵源は、二〇〇〇年の介護保険法施行並びに社会福祉法の制定・施行、すなわち社会福祉基礎構造改革にさかのぼる。これで、高齢者福祉（二〇〇〇年）、障害者福祉（二〇〇六年）、子ども家庭福祉（二〇一五年）の三分野それぞれに、狭義の公的福祉制度と、個人の尊厳並びに利用者主権を重視する給付制度との併存システムが実現したことになる。

また、子ども・子育て支援制度は、いわゆる社会づくり政策としての福祉改革（包括的・一元的な体制づくり）と人づくり政策としての教育改革の結節による所産である。そして、その根底を支える理念は、いわゆるソーシャル・インクルージョン（social inclusion：社会的包摂）[1]で

なければならない。障害児支援もそのただなかにある。

2　障害児支援の理念

これらの体制づくりに呼応する障害児支援の理念としては、いわゆる障害者総合支援法第一条の二、子どもの権利条約、障害者の権利条約、障害者基本法、いわゆる障害者差別解消法などにみられる「共生社会の実現」とそのための「地域生活支援」、「子どもの最善の利益」、「包容と参加」、「合理的配慮」などがある。

子どもの権利条約は、子どもの最善の利益保障を最大の理念としつつも、子どもも主体的に自分の人生を精一杯生きようとしている存在であるという、権利行使の主体としての子ども観を鮮明に打ち出している。

さらに、わが国が二〇一四年に締結した障害者の権利条約も、その第七条（障害のある児童）において子どもの権利条約の趣旨を引き継ぐとともに、意見を表明するために支援を提供される権利を有することを言明している。そのことは、障害者の権利条約第二条の合理的配慮や障害者基本法改正、障害者差別解消法の理念につながる。

さらに、障害者基本法第一七条第一項（療育）は、身近な場所における「療育その他これに関連する支援」という表現で、子どもの療育並びに家族・きょうだいに対する支援などが講じられるべきことを規定している。発達支援の視点といってよい。このように、障害児支援の理念は、地域生活支援や権利擁護を主眼とする地域社会への包容・参加（インクルージョン）(2)である。

3　子ども・子育て支援制度による障害児支援サービスの創設

子ども・子育て支援制度においては、一般施策において障害児童の受け入れをめざすとともに、障害児支援(3)における固有の専門施策が制度化されている。具体的には、特定教育・保育施

（1）本書序章等でも述べたとおり、介護保険法が施行された二〇〇〇年には、いわゆるソーシャル・インクルージョン（social inclusion：社会的包摂）をめざすという政府の報告書「社会的な援護を要する人々に対する社会福祉のあり方に関する検討会」が公表されている。
（2）地域社会への包容・参加とは、地域社会において、すべての人が孤立したり排除されたりしないよう援護し、社会の構成員として包み支え合うことである。障害者の権利条約第一九条は、「この条約の締約国は、全ての障害者が他の者と平等の選択の機会をもって地域社会で生活する平等の権利を有することを認めるものとし、障害者が、この権利を完全に享受し、並びに地域社会に完全に包容され、及び参加すること（full inclusion and participation in the community）を容易にするための効果的かつ適当な措置をとる」としている。
（3）厚生労働省では障害児童に固有、すなわち、障害児童のみが利用できるサービスの体系を「障害児支援制度」と呼称し

設における障害児の優先利用や障害児入所の応諾義務の規定、障害児保育（一般財源化分）や療育支援加算、地域型保育給付における障害児保育、放課後児童健全育成事業における障害児受け入れ加算の充実などの人員等の加算が行われている。また、障害児のための居宅訪問型保育事業の創設や一時預かり事業、延長保育事業における障害児の利用を念頭に置いた事業類型の創設などが行われている。

なお、子ども・子育て支援施策と連携する「障害児支援における固有のサービス」としては、二〇一五年度から児童発達支援事業所等と保育所等との連携強化を図る障害報酬改定（関係機関連携加算）が実施され、保育所等訪問支援事業についても加算が行われている。

4　障害児童福祉の課題

一方、障害児支援制度は、近年、成人との整合化が重視された改革により、子ども一般施策との融合が求められつつも、狭義の子ども家庭福祉との乖離が続いている。すなわち、後述するように、障害児支援サービスの利用には、成人と同様、（障害児）相談支援専門員による障害児支援利用計画の策定が必要とされ、また、財源も消費税投入対象とされない義務的経費とされるなど、障害児童を含む子ども一般施策である子ども・子育て支援制度とは異なる制度体系となっている。

二〇一二年度からの改正児童福祉法施行により、新制度に一歩先んじる形で、児童発達支援センター・事業の制度化とサービス決定権限の市町村移譲、保育所等訪問支援、放課後等デイサービスなど障害児童を地域生活のなかで支援する法改正が実施された。また、二〇一〇年には発達障害、二〇一三年には一定の難病も「障害」に含むことが明確化された。(4)

この結果、障害児支援における固有のサービスの利用には障害児相談支援事業所によるいわゆるケアプラン（障害児支援利用計画）の作成が前置とされ、親の障害受容がなされていない場合の相談支援など、親支援も含む障害児支援に適切に対応できる相談支援専門員の養成が急務である。研修などに保護者の障害理解に対する支援、ペアレント・トレーニング等が導入され

ている。所管は障害保健福祉部である。したがって、本書では、そうした個々のサービスの体系については「障害児支援制度」と呼び、個々のサービスを指す場合には「障害児支援における固有のサービス」と呼称する。なお、一部、障害児童を含む子ども一般が利用するサービス体系である子ども・子育て支援制度においても、障害児童のみが利用できるサービスが創設されている。

(4)　児童福祉法第四条第二項では、「障害児」の定義として、身体に障害のある児童、知的障害のある児童、精神に障害のある児童（発達障害者支援法第二条第二項に規定する発達障害児を含む。）又は一定の難病を有する児童とされており、発達障害者支援法第二条第二項は、発達障害児は一八歳未満の児童であって、同条第一項の発達障害の定義「自閉症、アスペルガー症候群その他の広汎性発達障害、学習障害、注意欠陥多動性障害その他これに類する脳機能の障害であってその症状が通常低年齢において発現するものとして政令で定めるものをいう」と規定されている。

る必要があるし、障害が確定しない段階の発達診断に関する知見の研修も必要とされる。なお、現時点におけるサービスの充実度については、サービスごとに温度差がみられている。特に、放課後等デイサービスの増加が著しくその質の担保が懸念される一方、保育所や幼稚園等に出かけて療育やスーパービジョン、コンサルテーションを行う保育所等訪問支援事業が伸び悩んでいることなどが指摘できる。

前述したとおり、子ども・子育て支援制度が創設されており、今後、障害児支援制度と子ども・子育て支援制度との間の整合性を確保していくことが必要とされる。たとえば、児童発達支援事業の利用には相談支援専門員による障害児支援利用計画（ケアプラン）の策定が必要とされるのに対して、障害児保育の利用にはそうしたプランの作成は必要とされない。また、相談支援専門員は障害児支援制度内の利用支援を業務とし、子ども・子育て支援制度では利用者支援事業の利用者支援専門員が利用支援を行うなど、それぞれの制度によって、利用支援を行う専門職も異なっている。両制度がつながらず、たとえば、障害児童が保育所における障害児保育と児童発達支援事業とを併行利用するような場合には混乱も起こる可能性がある。また、障害児支援制度内のサービスである放課後等デイサービスが増え続けることは、子ども・子育て支援制度内の放課後児童クラブにおける障害児童の利用を少なくする可能性も指摘されている。

こうしたことから、両制度のなかの類似サービスの均衡ある発展や、障害児相談支援事業と利用者支援事業とのワンストップをめざした緊密な連携、両事業の専門職である（障害児）相談支援専門員と利用者支援専門員[5]との連携強化などが求められる。また、子ども・子育て支援制度の給付における障害児の利用を支援するため、障害児支援における固有のサービス機関がバックアップできる体制の整備が求められる。特に、障害児支援における固有のサービスが充実するほど子ども一般施策における障害児の受け入れが少なくなることは、避けなければならない。

5　障害児支援の在り方に関する検討会の設置と報告書の概要

検討会の設置と報告書

こうした動向のなか、今後の障害児支援の在り方を検討するため、二〇一四年三月に障害児支援の在り方に関する検討会（柏女霊峰座長）が設置され、七月に報告書を提出している。検

（5）　子ども・子育て支援法に位置づけられた利用者支援事業において、地域の子育て支援サービスを円滑に利用できるよう支援する専門職であり、保育士、保健師などの一定の資格を有する者や子育て支援経験者が子育て支援員研修（地域子育て支援コース）を受講・修了することによって利用者支援専門員となることができる。

討会が設置された背景は、①二〇一五年度から創設される子ども・子育て支援制度と障害児支援制度との整合性の確保、②二〇一五年度の報酬単価改定、③二〇一六年度のいわゆる障害者総合支援法・児童福祉法の見直しに向けた検討に資するため、の三点である。

検討会の下敷きとしては二〇〇八年七月に提出された障害児支援の見直しに関する検討会（柏女霊峰座長）があり、その後の動向を踏まえた検討を行い、今後の改革の方向性を提示している。報告書本体の内容は大きく、①問題認識、②障害児支援サービスの現状評価、③二〇〇八年度以後の障害児支援制度の新たな動向、④基本理念、⑤基本方向、⑥各論としての提言、⑦計画的進展の七点からなっている。

報告書の理念と基本的視点

報告書の理念と基本的視点は、以下にまとめられる。すなわち、①障害児の地域社会への包容・参加（インクルージョン）を進めること、②一般的な子育て支援施策を含めたより総合的な形で支援を進めること、③そのため、障害児支援を、子ども一般施策における障害児の受け入れをバックアップする、いわゆる後方支援[6]と位置づけること、④ライフステージに応じて切れ目のない支援と各段階に応じた関係者の連携（縦横連携）を充実させること、⑤丁寧かつ早い段階での保護者支援・家族支援を充実させること、の五点である。なお、報告書においては

「発達支援」の用語を、「障害のある子ども（またはその可能性のある子ども）の発達上の課題を達成させていくことのほか、家族支援、地域支援を包含した概念」として用いている。また、縦横連携のイメージは、図7-1のとおりである。

今後の障害児支援が進むべき方向（提言）

提言では、①地域における「縦横連携」を進めるための体制づくり、②「縦横連携」によるライフステージごとの個別の支援の充実、③継続的な医療支援等が必要な障害児のための医療・福祉の連携、④家族支援の充実、⑤個々のサービスの質のさらなる確保、の五分野にわたって計二〇の具体的提言が提示されている（表7-1参照）。

これらの提言をふまえ、今後の施策の在り方としては、障害児通所支援における地域生活支援（子育て支援策との連携、後方支援など）、障害児相談支援に対応できる職員の養成、家族支援・きょうだい支援の充実、保護者の就労・社会参加のための支援、要保護児童対策地域協議会と地域自立支援協議会の連携などが必要とされる。また、入所支援については、障害児入所

（6）　障害児支援における固有のサービスが充実すればするほど障害児童と健常児とのあたりまえの生活が阻害される可能性があることにかんがみ、あえて後方支援という用語を象徴的に用いることで、障害児童と健常児が同じ社会に包容されることが究極の目的であることを強調することとした。

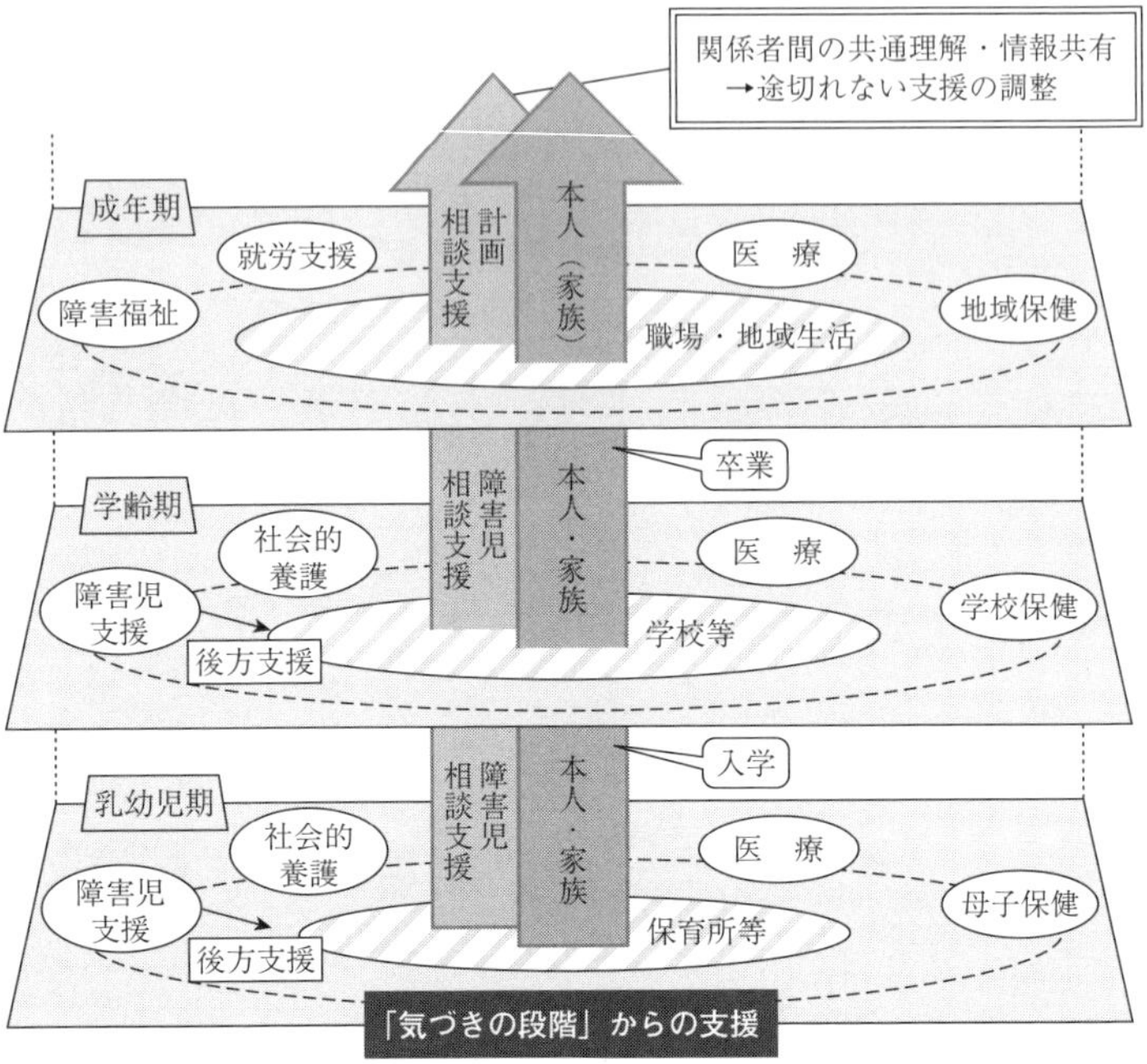

図７−１　地域における顔の見える「縦横連携」のイメージ

出所：厚生労働省「今後の障害児支援の在り方について（報告書）」2014年，参考資料２より。

支援における市町村の役割強化、施設入所の場合の指定障害児相談支援事業所の関与、専門里親、ファミリーホームの活用や施設の小規模化、ユニット化の推進、入所施設における自立支援計画策定の義務化などを具体化していくことが必要である。さらに、発達障害の親子にとっては、子ども・子育て支援制度のなかの特定教育・保育施設や地域型保育事業並びに子育て支援サービスにお

表７－１　今後の障害児支援が進むべき方向（提言）

⑴　地域における「縦横連携」を進めるための体制づくり
　①　児童発達支援センター等を中心とした地域支援の推進
　②　入所施設の機能の活用
　③　障害児相談支援の役割と拡充の方向性
　④　支援者の専門性を活かすための協働・連携の推進
　⑤　地域内の関係者の連携を進めるための枠組みの強化
　⑥　行政主体間の連携・市町村の関与のさらなる強化等
⑵「縦横連携」によるライフステージごとの個別の支援の充実
　①　保育，母子保健等と連携した保護者の「気づき」の段階からの乳幼児期の障害児支援
　②　教育支援委員会等と連携した小学校入学前の障害児の支援
　③　学校等と連携した学齢期の障害児の支援
　④　就労支援等と連携した上での学校卒業後を見据えた支援
⑶　継続的な医療支援等が必要な障害児のための医療・福祉の連携
　①　発達障害児への対応のための支援者のスキルアップ等
　②　重症心身障害児者等に係る在宅医療等との連携
⑷　家族支援の充実
　①　保護者の「子どもの育ちを支える力」の向上
　②　精神面でのケア，カウンセリング等の支援
　③　保護者等の行うケアを一時的に代行する支援の充実
　④　保護者の就労のための支援
　⑤　家族の活動の活性化と障害児の「きょうだい支援」
⑸　個々のサービスの質のさらなる確保
　①　一元化を踏まえた職員配置，専門職の確保等
　②　入所施設の生活環境の改善等
　③　障害児の利用する障害福祉サービス等の拡充・適用拡大に向けた検討

出所：厚生労働省「今後の障害児支援の在り方について（報告書）」2014年。

ける発達障害児支援の充実と、それを後方支援する障害児支援に固有の施策との協働が欠かせないものとなる。その他、継続的に医療支援が必要な障害児のための支援の充実も必要とされる。

6　二〇一六年における二本の児童福祉法改正と障害児支援

二〇一六年に成立した障害者総合支援法に伴う改正児童福祉法では、①重度の障害等のために外出が困難な障害児に対し、居宅を訪問して発達支援を提供できるサービスの整備、②保育所等訪問支援について、対象を乳児院や児童養護施設等に入所している障害児にも拡大、③医療的ケア児(7)に必要な支援を提供するために障害児支援制度に明確に位置づけること、④障害児支援に関するサービスを計画的に確保するための規定を設けること、などが法定化された。施行は、医療的ケア児に対する支援（公布日）を除き二〇一八年度からである。

①については、「居宅訪問型児童発達支援」として法定化、制度化されるが、児童発達支援センター（医療型、福祉型）等の事業として、整備されていくことが必要とされる。

②については、保育所等訪問支援事業の対象児童の拡充として制度化されるが、被虐待児童の多い措置施設における支援であるだけに、制度設計の在り方や実践の積み重ねが重要である。

③については、法定内容は抽象的な支援体制整備にとどまっており、今後、モデル事業（二〇一七年度予算案）等を通して具体化を図っていくことが必要とされる。また、特定教育・保育施設等においてまずは拠点施設をつくっていくなどモデル的な実施も必要である。医療的ケア児は医療技術の進歩等を背景として増加しており、こうした児童が地域で必要な支援を円滑に受けられるようにすることが必要とされている。

④については、現在努力義務とされている障害児福祉計画の策定を法定化したうえで義務化するものであり、事業の計画的な整備を進めるものである。これにより、障害児福祉計画の量を上回った事業者指定をしない権限を知事に与えるものである。障害児に固有のサービスが必要以上に整備されることが、質の低下や障害児童の抱え込みを招かないための仕組みでもあり、評価できる。いずれも、重要な制度改正であるということができる。

なお、同時期には、子ども虐待防止や社会的養護に関する大きな改正児童福祉法が成立している（施行は一部を除いて二〇一七年四月）。ここでは、児童福祉法第三条の二で、家庭で養育できない児童に関する家庭養護優先の原則が法定化されている。また、同法第四八条の三は、児

（7）　障害児支援の幅を広げるために障害者部会報告書において初めて規定された対象概念であり、「ＮＩＣＵ等に長期間入院した後、人工呼吸器等を使用し、たんの吸引などの医療的ケアが必要な障害児」と定義されている。報告書では、これらの児童や家族の負担軽減を図るための方策等をとるべきことを提言している。

童福祉施設の長等に対し、親子の再統合支援や入所児童の里親委託支援、特別養子縁組支援など「家庭における養育環境と同様の養育環境」に子どもがつながるよう支援すること、施設環境を「良好な家庭的環境」にすることを求めている。このことは、障害児入所施設も例外ではない。今後は、本条並びに同法第三条の二に基づき、障害児入所施設児童に「家庭における養育環境と同様の養育環境」を提供するための支援、並びに自らの施設環境を「良好な家庭的環境」にするための努力と政策的支援が図られなければならない。そのためには、子ども一般施策を所管する内閣府子ども・子育て本部、厚生労働省雇用均等・児童家庭局と、障害児支援施策を所管する同省障害保健福祉部との緊密な連携が必要とされる。

7　今後の障害児支援施策の在り方

これからの障害児支援の基本は、子どもたちにあたりまえの生活を保障することにある。そのためには、地域生活支援が最も必要とされる。地域の身近なところで一般児童とともに生活を営むことができ、また、必要に応じた専門的療育支援が受けられるような社会にしていかなければならない。また、家庭環境を奪われた子どもたちには、代替的環境としてまず家庭養護を提供し、それが困難な場合にはそれに近い環境が用意されなければならない。こうした点をふまえると、今後の障害児支援施策は、以下の四つの次元で充実されなければならない。

①子ども・子育て支援制度における障害児支援の充実（合理的配慮を含む）
②子ども・子育て支援制度から障害児支援制度へのつなぎの充実
③子ども・子育て支援制度の各施策に対する障害児支援における固有のサービスによる後方支援の充実
④障害児支援における固有のサービスの充実

二〇一四年七月に公表された障害児支援の在り方に関する検討会報告書では、障害児支援の役割を、あえて「後方支援」という用語に凝縮させている。このことは、障害児支援は、福祉施策としてどのような社会をつくることをめざそうとするのかという「社会観」についての投げかけを行うものでもある。私たちは、障害児支援によってどのような社会をめざそうとするのか、それをふまえた論議がなされ、施策が推進されていくことが必要とされる。こうした点をふまえて、あえて、障害児支援固有のサービスは、子どもに普遍的なサービス体系である子ども・子育て支援制度を後方支援できるようにしていくことが必要と提言したのである。障害児童の地域生活支援をバックアップできる障害児支援の在り方が問われている。

8　包括的で一元的な体制づくりをめざして

そのためには、障害児支援施策における専門的な支援の充実を図る必要がある。そのうえで、これを支える基礎構造の充実が必要である。序章で述べたとおり、特に、都道府県と市町村の二元化行政を解消し、インクルーシヴな実施体制を実現すること、人材の確保・養成、財政支援の充実の三点が重要である。特に、市町村を中心として国、都道府県が重層的に支援する包括的・一元的行政実施体制を確立し、子ども分野においても地域における包括的・継続的支援が実施しやすい体制づくりを進めることが必要とされる。

また、人材育成に関しては、障害児支援の専門性（発達の理解や障害の理解、療育スキルなど）、家族支援の専門性、機関連携、他職種連携の専門性、社会（地域）づくりの専門性など、ミクロ、メゾ、マクロレベルにわたる幅広い専門性が必要とされる。さらに、財源については、子ども・子育て支援制度と障害児支援制度との一元化が望まれる。「後方支援」のための環境整備が必要とされている。

障害児支援サービスの充実によってめざされるべき社会は、社会的排除のない世界、ソーシャル・インクルージョンをめざす共生社会と考える必要がある。そのことが、いわゆる障害者総合支援法第一条の二で示される「すべての国民が、……相互に人格と個性を尊重し合いながら共生する社会を実現する」一里塚となるのである。

文　献

柏女霊峰『子ども家庭福祉論（第四版）』誠信書房、二〇一五年。

柏女霊峰『子ども・子育て支援制度を読み解く――その全体像と今後の課題』誠信書房、二〇一五年。

柏女霊峰「障がい児支援――地域の縦横連携で人生に当たり前の暮らしを」『公明』第一二二号、二〇一六年。

柏女霊峰「子ども・子育て支援制度の創設と障害児支援の今後の在り方――インクルーシヴな社会をめざして」『小児の精神と神経』第五五巻第四号、二〇一六年。

第8章　あたりまえの生活をめざした社会的養護

1　社会的養護の歴史的経緯

世の中には親のいない子どもたちや、たとえ親がいてもいろいろな事情、さらには不適切な養育、虐待等によってともに暮らしていくことのできない子どもたちが大勢いる。また、ひとり家庭や貧困家庭など厳しい環境のなかに置かれている子どもたちもいる。こうした家庭環境を奪われた子どもや厳しい家庭環境に置かれている子どもには、家庭に替わる、あるいは家庭全体を支援できる養育環境、さらには、不適切な家庭環境の下で子どもたちが被った心身の痛手をケアしていく環境が用意されなければならない。このような目的のために社会が用意した養育環境の体系を「社会的養護」と呼ぶ。以前は児童養護等と呼称されていたが、近年では、「社会全体で子どもを育む」という理念を強調して「社会的養護」と呼ばれている。社会的養護の体系は国や文化によって大きく異なるが、わが国においては、里親、ファミリーホームといった子どもを家庭環境のなかで養育する家庭養護[1]と、乳児院や児童養護施設などの児童福祉施設で養育されるいわゆる施設養護が大きな二本柱となっている。

わが国の社会的養護は、現在まで施設を中心として展開している。二〇一五年三月現在、社会的養護関係施設は全国に約一二〇〇か所（自立援助ホーム一一八か所を含む）、そのうち乳児院が一三三、児童養護施設が六〇一か所である。里親は九四〇〇世帯、ファミリーホームが二二三か所で家庭養護委託率[2]は一六パーセント程度である。家庭養護の割合の少なさは、国連子どもの権利委員会から再三にわたって勧告を受けている。

わが国における社会的養護を必要とする子どもたちのための政策は、第二次世界大戦後の一九四七年公布の児童福祉法（翌、四八年施行）により本格的に開始されることとなる。それまでは政府としての施策は米などの現物給付が中心であったため、多くの孤児は教会や寺院、個人慈善家などの施設で生活をしていた。児童福祉法により孤児の養育を国家が保障（措置委託制度）することとなったが、国家が教会や寺院に税を投入することは当時のＧＨＱ（連合国軍最高司令官総司令部）により許可されず、一九五一年の社会福祉事業法制定[3]により社会福祉法人制度を創設することとなった。

教会や寺院、個人事業主は、原則としてその財産を社会福祉法人に寄付し、税制面の恩恵等を受けたうえで施設を安定的に経営する道を選んだのである。このことが公的責任に基づく公的養護を全国展開させる半面、施設の固定化と世襲制を生むこととなり、また、財源は、国家（現在は、国と都道府県の折半）から安定的に支給されることとなるため、このことが改革を阻む大きな要因となったのである。

2　社会的養護の課題

したがって、社会的養護政策は抜本的改革へのインセンティヴ（意欲刺激）が働かず、漸増

（1）厚生労働省の定義では、家庭養護は里親、ファミリーホームを指し、家庭的養護は地域小規模児童養護施設やユニットケア等を指す。また、両者を含めて、家庭的養護と総称する。筆者はこの定義を定める際の社会的養護専門委員会委員長を務めていたが、今後、政策的に家庭養護（family based care）、家庭的養護（family-like care）を含めて家庭的養護と総称し、それをキーワードとして打ち出していくことが政策にインパクトをもたせることになると判断して、定義として認めたことを記憶している。なお、厚生労働省の検討会において、現在、家庭養護の範囲や定義に関する再検討が行われている。

（2）児童養護施設、乳児院、里親、ファミリーホーム入所児童数を分母とし、里親・ファミリーホーム委託児童数を分子とした割合をいう。分母に、児童自立支援施設、児童心理治療施設（情緒障害児短期治療施設）入所児童数を含める場合もある。

（3）社会福祉事業法は、二〇〇〇年のいわゆる社会福祉基礎構造改革により、個人の尊厳と利用者の選択を理念とする大幅な改正が行われ、名称も「社会福祉法」に変更された。

主義的前進が続いており、都道府県中心、措置制度中心といった基本システムは法制定当時の体系をとどめている。その結果、人口の都市集中など時代の変容とともに施設の偏在や大舎制の固定化が進み、現在に至っている。具体的には、子ども虐待の増加とともに、特に都市部を中心にその供給不足が深刻となり、さらに、未だ半数以上の子どもがいわゆる施設における大舎生活を送っている。生活の場所は、施設養護がその大半を占めている。また、供給量の地域格差が大きく、さらに施設養護と家庭養護との地域格差も大きく開いている。

次に、近年、それぞれに愛着の問題や心の傷を抱えている子どもが多くなっている。さらに、虐待等による心理的・情緒的・行動的問題を有する子ども、疾患や障害を有する子どもも多くなっている。被虐待児童の心のケアのための施設の専門機能強化、家族関係調整支援、自立支援なども大きな課題となっている。

特に、自立支援については、高等教育進学率の向上のための取組が強く求められている。進学費用の確保や進学中の生活支援のための措置延長、さらには退学や除籍防止のためのていねいなアフターケアなどは、特に大きな課題である。また、児童相談所や施設職員の疲弊にも光を当てねばならない。さらに、社会的養護の実施主体が都道府県となっていることから、市町村の役割強化、社会的養護を地域にひらくことも大きな課題である。

3　社会的養護改革の動向

改革への一歩

改革の必要性の提起は、社会的養護改革を含む子ども・子育て支援制度創設の一二年前に始まった。社会保障審議会児童部会は、二〇〇三年一一月、子ども虐待防止や社会的養護サービスの在り方、児童相談所と都道府県・市町村の役割分担等に関する提言をとりまとめた、「児童虐待への対応など要保護児童及び要支援家庭に対する支援のあり方に関する当面の見直しの方向性について」と題する報告書を公表した。しかし、抜本的改革には財源の確保が必要とされ、本格的に改革が始まったのは、子ども家庭福祉制度全体の改革と財源確保（消費増税）を同時に担保する社会保障・税一体改革、子ども・子育て支援制度の検討まで持ち越された。

この提言を礎として、社会的養護改革は、二〇一〇年末から二〇一一年初頭にかけてのいわゆるタイガーマスク運動[4]を契機として、社会保障・税一体改革の一環としての新たな子ども・

（4）　孤児を題材とした漫画の主人公であるタイガーマスクを名乗る個人からの社会的養護関係施設への寄付が全国的に広がったことをいう。筆者は当時、厚生労働省の社会的養護専門委員会の委員長を務めていた。社会保障・税一体改革のため子育て支援制度創設の風に乗り、大きく展開した。

改革は、二〇一一年四月から順次、実施に移された。まず、家庭的養護、自立支援の推進のための運用改善が実施された。特に、二〇一一年度から発効した「里親委託ガイドライン」は、「里親委託優先の原則」を明確に打ち出し、まず里親委託を考えることを求める画期的な通知である。(5)

第二に、後述する親権制度改正に伴い児童福祉施設長の責任が重くなることを受け、社会的養護関係児童福祉施設長の資格基準の創設、研修の義務づけが実施された。第三に、二〇一一年度末には、里親・ファミリーホーム及び児童養護施設等の社会的養護施設それぞれの運営指針も通知として発出された。(6)これらの指針に基づき、三年に一度の第三者評価の受審、それ以外の年の自己評価の実施が義務づけられた。これらは、社会的養護を、文字通り「社会にひらく」ために実施されたものである。社会的養護分野に消費税財源から追加投入（国会で二〇〇億円との大臣答弁があった）が図られるためには、国民にひらかれていることが必要との判断もあった。第四に、二〇一二年度からの児童福祉施設最低基準等の地方移譲への対応として、「児童福祉施設の設備及び運営に関する基準」等のかさ上げが実施された。最低基準の改善は久方ぶりの実施であった。

改革の約束と方向

将来を見込んだ施策方針の策定としては、二〇一一年七月に児童養護施設等の社会的養護の課題に関する検討委員会（柏女霊峰委員長）並びに社会保障審議会児童部会社会的養護専門委員会（柏女霊峰委員長）が「社会的養護の課題と将来像」を策定した。この報告は、全世代型社会保障実現の一環として、今後、子育てに一定規模の財源が充当されることをめざし、子ども・子育て支援制度の実現とともに社会的養護の充実をめざしたものである。

報告書では、社会的養護の質・量の充実、家庭養護の拡充、施設養護における職員配置基準の充実や家庭的養護の拡充、自立支援の推進等が提言されている。特に、家庭養護を社会的養護全体の三分の一とし、施設養護の半分を地域小規模施設等のグループホーム、残りの半分をオールユニット化され、重装備化された本体施設とする構想は画期的である。家庭養護に関し

の社会的養護のグランドデザイン提出期限が二〇一一年七月に迫るなか、一向に動こうとしない政府の対応に不満を募らせていたが、このタイガーマスク運動が二〇一一年一月の通常国会で取り上げられるやいなや、急遽、検討に向けた体制整備が図られ、この運動に心から感謝したものである。おかげで、半年弱という短期間で「社会的養護の課題と将来像」を策定することができた。

（5）　厚生労働省雇用均等・児童家庭局長通知「里親ガイドラインについて」（平成二三年三月三〇日　雇児発〇三三〇第九号）。同通知の別紙として「里親ガイドライン」が定められている。

（6）　厚生労働省雇用均等・児童家庭局長通知「社会的養護施設運営指針及び里親及びファミリーホーム養育指針について」（平成二四年三月二九日　雇児発〇三二九第一号）。同通知の別添1～6として、それぞれの運営指針が定められている。

ては、ファミリーホーム設置数一〇〇〇か所が目標とされている。

本報告書を受け、専門委員会はいわゆる施設「小規模化等の手引き[7]」を作成している。また、厚生労働省は二〇一二年一一月三〇日付けで雇用均等・児童家庭局長通知「児童養護施設等の小規模化及び家庭的養護の推進について」（雇児発一一三〇第三号）、二〇一二年七月二三日付で事務連絡「家庭的養護の推進に向けた『都道府県推進計画』の作業等について」を発出しており、施設の小規模化、地域化が計画的に進められることとなっている。通知では、この目標を一五年かけて実現するため五年を一期とする家庭的養護都道府県推進計画を二〇一四年度末までに策定することを求めている。そして、その計画は、都道府県が子ども・子育て支援法に基づいて策定する法定計画である都道府県子ども・子育て支援事業支援計画に盛り込まれることとなったのである。これらに伴い、社会的養護関係施設は、子どもの養育・生活支援の充実と同時に、家庭養護の支援を図る機能を具備することが求められることとなる。いわば、施設機能の「進化」といえる。

なお、これらの改革は子どもに「あたりまえの生活」（社会的養護施設運営指針）を保障しようとするものであり、子どもの権利条約や二〇〇九年に国連総会で採択された「児童の代替的養護に関する指針」の理念にも沿うものである。また、国連子どもの権利委員会からわが国に要請されている事項に応えることでもある。指針は、代替的養護を決定する場合にはあくまで家族を基本とし、施設養護を限定的にとどめている。家庭養護と施設養護とのパートナーシップが求められているのである。このような実情、社会の要請を受け、社会的養護の充実は急務とされ、国民に追加の税負担を求める子ども・子育て支援制度に伴う改革に結びついたといえるのである。

社会的養護関係施設の運営改革

これらの動向と並行して、前述したとおり、すでに、社会的養護関係施設長の資格要件規定と研修受講の義務化、自己評価・第三者評価の義務化、児童福祉施設の設備及び運営に関する基準のリニューアル、社会的養護関係施設等の運営指針の通知なども図られており、社会的養護を社会にひらく改革も進められている。社会的養護関係施設運営指針や第三者評価基準には、心理職の役割や業務なども明定され、自己評価、第三者評価とその結果公表が行われることとなっている。

さらに、子ども虐待防止・保護に資するため、民法改正（親権の一時停止制度、未成年後見制

（7）厚生労働省社会保障審議会児童部会社会的養護専門委員会「児童養護施設等の小規模化及び家庭的養護の推進のために」二〇一二年。

度導入等の親権制度改正）と児童福祉法改正（児童福祉施設長と保護者の親権との関係調整に関する制度改正）等を進める民法等の一部を改正する法律が二〇一二年度から施行された。これらを円滑に進めるため、二〇一二年三月には「施設長等による監護措置と親権者等との関係に関するガイドラインについて」の通知[8]、児童相談所運営指針の改正通知[9]も発出されている。

4　改革の実現に向けて——家庭的養護推進計画とその実現

二〇一三年八月六日には、子ども・子育て支援法に基づく基本指針（案）[10]が内閣府により発出され、そのなかの「第三　子ども・子育て支援事業計画の作成に関する事項」の「四　都道府県子ども・子育て支援事業支援計画の作成に関する基本的記載事項」の「5　子どもに関する専門的な知識及び技術を要する支援に関する施策の実施に関する事項並びにその円滑な実施を図るために必要な市町村との連携に関する事項」の「(二) 社会的養護体制の充実」において、次の点が示された。

（1）家庭的養護の推進

ア　里親委託等の推進

イ　施設の小規模化及び地域分散化の推進
（2）専門的ケアの充実及び人材の確保・育成
（3）自立支援の充実
（4）家庭支援及び地域支援の充実
（5）子どもの権利擁護の推進

そして、この視点に基づいて、二〇一四年度中に社会的養護に関する都道府県計画が策定されている。なお、市町村計画の任意的記載事項においても、第三の三の「2　子どもに関する専門的な知識及び技術を要する支援に関する都道府県が行う施策との連携に関する事項」の（一）の（3）において「社会的養護施策との連携」に関する所要の規定がなされている。

（8）厚生労働省雇用均等・児童家庭局総務課長通知「施設長等による監護措置と親権者等との関係に関するガイドラインについて」（平成二四年三月九日　雇児総発〇三〇九第一号）。
（9）厚生省児童家庭局長通知「児童相談所運営指針について」（平成二四年三月二一日　雇児発〇三二一第二号）。本通知は、一九九〇年に発出されて以来改正が重ねられている。二〇一二年改正以降も改正されている。
（10）翌年に正式に告示として発出された基本指針の正式名称は、「教育・保育及び地域子ども・子育て支援事業の提供体制の整備及び子ども・子育て支援給付及び地域子ども・子育て支援事業の円滑な実施を確保するための基本的な指針」である。

この基本指針や前述した家庭的養護推進計画の策定通知を受け、二〇一四年度末にはすべての都道府県において家庭的養護推進計画を含む社会的養護の充実方策が策定された。今後は、その実現に向けて着実に実行する必要がある。

なお、二〇〇八年の次世代育成支援対策推進法改正において、都道府県行動計画に盛り込むべき事項として「保護を要する子どもの養育環境の整備」が加えられ、都道府県の目標を考慮した社会的養護の整備に関する数値目標が子ども・子育てビジョンに掲げられたことは、画期的なことであった。それを引き継ぐ政府の少子化社会対策大綱にも整備目標は掲げられており、地方自治体においても、子ども・子育て支援法に基づく都道府県子ども・子育て支援事業支援計画において社会的養護は必須記載事項とされ、各都道府県における整備計画が二〇一五年度から実施に移されていくのである。

5 社会的養護運営の新たな理念

先にも述べたように、二〇一二年三月、社会的養護関係施設、里親・ファミリーホームの運営・養育の指針が厚生労働省から通知された。社会的養護関係施設の種別ごとの運営指針の策定は、子どもの最善の利益保障のために提供される養育の平準化、社会的養護の社会化、支援・養育の質の向上を促すことなどを目的として実施された。施設間格差の是正をめざし、かつ、施設運営の透明性、説明責任の確保のため、施設種別ごとの運営指針の作成が必要とされたのである。

各施設運営指針の総論部分は、ほぼ共通するように策定されている。そのうえで、たとえば、児童養護施設運営指針にあっては、施設運営指針の目的のあと、社会的養護の基本理念として、①子どもの最善の利益のために、②すべての子どもを社会全体で育む、の二点があげられ、原理としては、①家庭的養護と個別化、②発達の保障と自立支援、③回復をめざした支援、④家族との連携・協働、⑤継続的支援と連携アプローチ、⑥ライフサイクルを見通した支援、の六点が掲げられている。その後、児童養護施設の役割と理念、対象児童、養育の在り方の基本、児童養護施設の将来像と続き、このあとは第三者評価基準と連動した各論が続く。

二〇一二年度末には社会的養護関係施設第三者評価事業評価調査者向けテキストが作成され、二〇一三年度末には、施設種別ごとの施設運営ハンドブックが作成されている。

6　社会的養護の養育論

これらに伴い、社会的養護の根源的な養育論の確立も大事な今後の課題である。小規模ケアの方法論、家庭養護支援の方法論も確立しているとはいえない。家庭養護、家庭的養護はメリットも大きい半面、職員の配置基準の拡充が必要とされ、また、陥りやすいリスクもある。これらを見据えたケアの標準化が求められる。さらに、里親・ファミリーホーム養育指針、社会的養護施設運営指針、ハンドブックをさらに掘り下げ、社会的養護の運営論を確立させることが必要である。運営指針にも記述されているが、家族関係調整支援や自立支援、社会的養護のもとで暮らす子どもたちに対するライフ・ストーリー・ワーク（ＬＳＷ）[11]、施設における性的問題や性教育等に対する研究や実践の充実も必要とされる。

アドミッションケア、インケア、リービングケア、アフターケアの各段階における支援のありようについて整理するとともに、ケアワークとソーシャルワークとが統合されたいわゆるレジデンシャルワークの在り方が整理されなければならない。子どもの年齢に応じた一貫した支援である縦糸としてのケアワークと、それぞれの過程において、幅広い関係機関との連携のなかで進められる横糸としてのソーシャルワークが織りなす、いわゆる面としての支援の体系化が必要とされている。

なお、現在、厚生労働省の検討会において、社会的養護を含む社会的養育の在り方について検討が進められている。これについては、第９章で試論を展開しているが、施設や里親等による社会的養育はいかにあるべきか、特定教育・保育施設や地域型保育事業、一時預かり事業なども含めた体系的な議論が期待される。

7 社会的養護実践の課題と克服に向けて

社会的養護の質の改善

二〇一五年度政府予算においては、消費増税による増収額から、子ども・子育て支援の充実に五一八九億円が確保され、消費税が一〇パーセントになり税収が確保されたあかつきに追加投入される七〇〇〇億円（国、地方分の合計額）の範囲で実施する「質の改善」項目は、すべて実施されることとなった。

社会的養護においても、子ども・子育て会議において約束された質の向上に相当する改善が二〇一五年度から実現することとなった。すなわち、①児童養護施設等の職員配置の改善、②小規模グループケア、地域小規模指導養護施設のか所数の増、③児童養護施設及び乳児院における里親支援専門相談員の配置の推進、④民間児童養護施設等の職員給与の増（平均三パーセ

（11） 社会的養護のもとにいる子どもたちにとって、自らのルーツを知り、歩んできた人生を整理することは、自らのアイデンティティの確立、自己同一性の獲得にとって極めて重要である。そのことが、自分自身を受容し、また、他者を受容することにつながるからである。

ント）、の四点である。

職員配置の改善では、児童養護施設の場合、保育士と児童指導員を合わせた直接処遇職員の配置[12]を、〇、一歳児：一・三対一、二歳児：二対一、三歳以上幼児：三対一、小学校以上：四対一とする。乳児院では看護師・保育士・児童指導員を〇、一歳児：一・三対一、二歳児：二対一、三歳以上幼児：三対一で配置し、児童心理治療施設（情緒障害児短期治療施設[13]）では児童指導員・保育士は三対一で配置し、心理療法担当職員を七対一で配置する。児童自立支援施設では児童自立支援員・児童生活支援員を三対一、心理療法担当職員を一〇対一、母子生活支援施設における母子支援員、少年指導員それぞれにつき、一〇世帯未満一人、一〇世帯以上二人、二〇世帯以上三人、三〇世帯以上四人配置することとなった。児童心理治療施設（情緒障害児短期治療施設）と児童自立支援施設以外の心理療法担当職員の加配その他の質の改善については、今後、残された三〇〇〇億円強の追加投入財源が確保された段階で実施されることとなる。なお、二〇一七年度予算案において、社会的養護関係施設職員の待遇向上[14]や里親手当の大幅アップが図られることとなっており、このことは大きな進歩である。

自立支援

社会的養護の下を巣立つ子どもたちの自立支援は、家庭養護の推進と並んで社会的養護の最大の課題といってもよい。現在、施設入所児童の高等教育進学は、まだ一般家庭児童に比し低率である。さらに、中退率も高く、さらに、若年で社会に巣立つ子どもの職場への定着率も十分でないのが現状である。

こうした子どもたちに対する施策として、児童養護施設におけるリービングケアとしての自立促進等事業、児童養護施設からの措置継続したままの就職、退所児童の自立定着指導、就職に失敗した子どもの一時保護等による就職斡旋、再措置等の施策、児童自立生活援助事業等がある。また、退所児童を支援するピア・グループ型のＮＰＯ等に対する支援事業（退所児童等アフターケア事業）も開始されている。

子どもの自立支援のため、大学進学等自立生活支援費、身元保証人確保対策事業、生活福祉資金の貸付、児童養護施設の退所者等の就業支援事業なども実施されているが、まだまだ不十

(12)　実際には最低基準違反を回避するため、しばらくは、五対一、四・五対一、四対一の加算区分を設けて、段階的に配置を改善していくこととしている。

(13)　情緒障害児短期治療施設は児童福祉法改正により、二〇一七年四月から児童心理治療施設と改称されるため、本書においては記載のような書き方とした。

(14)　全員に二パーセントの給与アップのほか、夜勤等に着目した改善が月五〇〇〇円、一定の研修受講を要件として、小規模グループケアリーダーの場合は月額一万五〇〇〇円、ユニットリーダーで月三万五〇〇〇円、家庭支援専門相談員、里親支援専門相談員等で月五〇〇〇円、主任児童指導員・主任保育士で月五〇〇〇円などが、それぞれ上乗せされていくこととなる。里親手当は、第一子が現行の七万二〇〇〇円から八万六〇〇〇円になる。

分と言わざるを得ず、自立支援策の充実は急務である。社会的養護関係施設措置は必要がある場合は二〇歳まで延長が可能であり、高等教育進学など自立支援のための措置延長の活用が必要である。民間サイドでも給付型奨学金の給付や協同組合千葉県若人自立支援機構[15]のような協同組合型の支援なども行われているが、政府においても、子どもの貧困対策大綱に基づき、特に大学進学等自立生活支援が充実されていることを喜びたい。

なお、子ども期、社会的養護の終期である一八～二〇歳の施策の切れ目に対する支援も必要とされる。多くの子どもたちは一八歳で多くは社会に出ることとなる。しかし、自立の条件の一つである民法上の契約は二〇歳にならないと結べない。未成年後見人制度もあるが、身近に活用されているとは言い難い。選挙権を一八歳からにする公職選挙法改正が実現し、民法の成人規定の引き下げを含め子ども期から成人期への切れ目のない支援を保障する制度改正が求められる。

その意味では、二〇一六年改正児童福祉法において、自立援助ホームについて、これまで二〇歳に到達した時点で退所することとされていたものが、大学等就学中等の場合は二二歳の年度末まで継続して利用することができるようになり、それを内実化する支援事業が創設されることは意義のあることである。なお、これに併せて、施設入所等の措置を受けていた児童について、一八歳（措置延長の場合は二〇歳）到達後も二二歳の年度末まで、引き続き必要な支援を受けることができるようにする社会的養護自立支援事業（仮称）が、二〇一七年度予算案に盛り込まれていることも大きく評価される。さらに、二〇一七年度から、社会的養護のもとにいた者を含む低所得の高等教育進学生に対して、給付型の奨学金制度が創設されることも意義深いことといえる。いわゆる子どもの貧困対策推進法の施行とともに、こうした自立支援策が広がっていることを歓迎したい。

家庭養護の推進

前述したように、現在の社会的養護における家庭養護率は一六パーセント程度である。少子化社会対策大綱によると、政府は、この割合を、二〇一九年度末には二二パーセントまで引き上げることとしている。そのためには、里親やファミリーホームといった家庭養護に対する支援を含め、さまざまなことを実施しなければならない。特に、「里親委託（家庭養護）優先の原則」について社会的養護関係者が合意し、その一点に向けてあらゆる方策を実施していくことが求められる。児童相談所の意識改革も必要とされる。

(15)　千葉県内の児童養護施設が出資して二〇一一年八月に協同組合を結成し、児童養護施設、自立援助ホーム入所児童であって自立を必要とする子どもに対して、自立資金の貸し付け、住宅の提供、教育的就業機会の提供、自立支援講座の開設等の事業を展開している。わが国初の試みであり、その後、栃木県においても開始されている。

二〇一六年改正児童福祉法にみるとおり、まず家庭養護を措置委託先として考慮し、それが適当でない場合に施設入所を考えるという視点が必要とされる。また、大分県や静岡県など、近年の家庭養護割合の増加率の大きい自治体に学ぶことが必要とされる。さらには、全国里親委託等推進委員会が二〇一三年に報告している「里親等委託率アップの取り組み報告書」等の好事例にも学ぶべきである。二〇一六年改正児童福祉法は、序章で述べたとおり、家庭養護優先の原則を法定化しており、今後の家庭養護推進の羅針盤とすべきである。

質の改善を実践に生かすために

政策レベルにおける質の改善も、子どもたちの生活の質の改善に結びつかなければ意味がない。そのためには、実践上の課題が克服されていかねばならない。「社会的養護の課題と将来像」の実現に向けたこれからの社会的養護実践における大きな課題は、次の四点である。

①家庭的養護促進のためのケア論の確立
②家庭養護（里親、ファミリーホーム）支援の在り方に関する実践の集積（いくつかのモデルの提示など）
③本体機能の高次化と家庭養護、家庭的養護に対する専門的支援の充実

④人材の確保・養成（待遇の向上を含む）

8　新たな展開に向けて——家庭養護のさらなる推進

二〇一六年には、児童虐待防止の充実や社会的養護の拡充に関する改正児童福祉法が成立した。また、厚生労働省では、二〇一六年夏から、「新たな社会的養育の在り方に関する検討会」などいくつかの検討会、ワーキングチームを開催して、社会的養護を含む今後の社会的養育の在り方の検討を開始している。検討テーマには、「社会的養護の課題と将来像」の見直しも含まれている。家庭養護のさらなる推進を望みたい。

「里親委託優先の原則」、つまり「家庭養護優先の原則」は、これまで里親委託ガイドラインという局長通知で規定されていたが、二〇一六年児童福祉法改正で法定化されたことは画期的である。また、養子縁組里親に対する研修を義務化し、里親支援を包括的に規定して、これまでどおり民間に委託できることとするなど、養子縁組、里親振興に関する規定も置かれた。今後、児童相談所は、保護した子どもの委託先、つまり生活の場所を考えるとき、まず「家庭」を優先しなければならなくなる。

その子にとって、養子縁組や里親、ファミリーホームが適当でない場合に限り、「なぜ適当ではないのか」の理由を具体的にあげたうえで、「施設のうち小規模で家庭に近い環境（小規模グループケアやグループホームなど）」を検討することになる。「家庭」や「家庭に近い環境」の検証は必要であるが、委託先の優先順を決めたことは、とても重要なことである。

まずは家庭養護を優先する。一部、適当でないケースは、「適当でない」理由を挙証したうえで、施設に措置する。そして、施設入所児童を家庭養護に移行させるとともに、里親たちが家庭で行う養育を施設が支援する。これらの条文をどうやって現実にしていくかが、今後の課題である。

また、今回の法改正では間に合わなかった検討事項を、法律の附則に盛り込んだことも大きな意義がある。たとえば、司法関与の在り方、特別養子縁組の活性化、児童相談所の在り方の検討、市町村支援拠点の在り方、人材の育成方策の検討などが盛り込まれ、二〇一六年七月から検討が開始されている。今後の充実に期待したい。

その他、民間あっせん機関による養子縁組のあっせんに係る児童の保護等に関する法律（議員立法）の成立・公布も注目すべきである。このなかでは、養子縁組あっせん事業を許可制にするとともに、業務の適正な運営を確保するための助成と規制を盛り込んでいる。詳細な制度設計はこれからであるが、特別養子縁組の振興に大きく寄与する可能性が高い。

9　家庭養護の質の向上と家庭養護支援のための実践的課題

続いて、家庭養護の質の向上並びに家庭養護に対する支援体制の整備が重要とされる。里親養育の質の向上については、すでに、「里親及びファミリーホーム養育指針」、「里親・ファミリーホーム養育ハンドブック」の発刊があり、二〇一四年には里親信条の改訂も行われた。ファミリーホームの実態調査や事例集の発刊も続いている。制度発足から一〇年近くが過ぎ、今後は、制度の在り方や運営そのものの見直しに向けた検討も求められる。

第二に、登録里親確保の課題については、広報啓発の一環として類似事業（子育て援助活動支援事業、一時預かり事業など）の支援者に対する理解を求める活動も必要とされる。これらについては、市町村に対する啓発が有効である。

第三に、里親委託を阻む要因の一つとされている実親の同意の問題については、子どもの愛着形成その他子どもの最善の利益のために、人生早期からの愛着対象が必要なこと、それは、のちに実親が引き取ることとなったとしても有効にはたらくことなどをしっかりと告げて、実親の理解を進める努力が必要である。

第四に、里親支援の強化が必要である。二〇一三年度の全国里親委託等推進委員会による

「里親支援専門相談員及び里親支援機関の活動、里親サロン活動に関する調査報告」やそれに引き続く二〇一四年度報告書に記載されている事項、特に、孤立化防止、訪問支援、サロン、研修等について先駆的事例に学び、里親支援の活性化を図っていくことが必要とされる。また、地域子ども・子育て支援事業による里親支援も必要である。二〇一六年改正児童福祉法において、里親支援が包括的に都道府県の業務とされ、それらが民間に委託できることも、大きな推進力になるであろう。児童相談所が進行管理しつつ、実際の支援は、里親支援機関や里親支援専門相談員等民間の人々が寄り添いつつ進めていくチーム養育体制の整備を進めていくことが必要であろう。

第五に、実施体制、実施方針の問題として、里親支援機関や里親会の強化も基盤整備として必要である。都道府県に設置されている里親委託等推進委員会の活性化や里親委託等推進員（児童相談所）、里親支援専門相談員（児童福祉施設）の配置促進と活動マニュアルの策定、児童家庭支援センターによる里親支援、市町村との連携の強化などが必要とされる。里親支援専門相談員の業務として、まず、自らが所属する施設の措置児童の里親委託を図ることが必要であり、そうした取組にインセンティヴが働く仕組みが必要とされる。それが、家庭養護委託率を増やしていくことにつながるのである。

最後に、市町村との結びつきを強め、地域における包括的な里親支援体制を整備する必要がある。家庭で暮らせる子どもたちを増やすには、「家庭養護をどう支援するか」が重要になる。前述したとおり、二〇一六年改正児童福祉法において一貫した里親支援が都道府県（児童相談所）の業務として位置づけられ、その業務をＮＰＯ法人などの民間団体が実施できることも大きいといえる。

繰り返すが、里親委託優先の原則を進めていくためには、里親に対する支援体制が重要かつ必須である。一部の自治体で実施されている委託児童の関係者を集めて行う「里親応援ミーティング」や「個別ケース会議」等は、地域における包括的支援につながっていくであろう。また、里親は市町村の子育て支援サービス、たとえばファミリー・サポート・センターやつどいの広場、地域子育て支援センターなどを利用することができる。里親は子どものキーパーソンであるが、すべてを抱え込む必要はない。サービスを上手に使って、子育てできることが重要である。また、そのため里親支援機関は、地域の子育て資源情報も熟知していることが求められる。

なお、里親支援機関には、いろいろなタイプがあってよい。里親会地域支部がなってもよいし、臨床心理士会のような専門職団体が担うのも一案である。いろいろな里親支援機関ができることで里親支援全体が活性化していくことが必要とされる。また、里親と里親支援機関がともに歩んでいくことでお互いが鍛えられるであろう。里親にとって地域とのつながりは特に重要であり、里親自身も地域のなかに入り、子育てネットワークの一翼を担っていくことが必要ではないだろうか。

二〇一六年改正児童福祉法の内実化に向けて

二〇一六年改正児童福祉法第三条の二、第四八条の三に見る家庭養護優先の原則や施設入所中の子どもに家庭養護、家庭的養護を提供する施設の役割規定は、単なる理念規定ではない。具体的対策と効果的実践を求めているのである。これらを受け、家庭養護支援、特に、民間里親支援機関の充実と児童福祉施設の里親支援、里親を包むチーム養育の在り方の検討など、社会的養護全体の先駆的システム改革もいくつか提言されている。また、今後は、施設から里親に委託すると施設が経営難になるという現在の措置費のありようの是正、つまり、家庭養護推進にインセンティヴが働くシステム改革も求められてくることとなるだろう。児童福祉施設の機能進化が求められているのである。こうした課題を克服し、強力に推進していくことが必要とされている。

文献

相澤仁・柏女霊峰・澁谷昌史（編）『子どもの養育・支援の原理——社会的養護総論』明石書店、二〇一二年。

柏女霊峰『子ども家庭福祉サービス供給体制――切れ目のない支援をめざして』中央法規出版、二〇〇八年。

柏女霊峰『子ども家庭福祉・保育の幕開け――緊急提言　平成期の改革はどうあるべきか』誠信書房、二〇一一年。

柏女霊峰『子ども家庭福祉論（第四版）』誠信書房、二〇一五年。

柏女霊峰『子ども・子育て支援制度を読み解く――その全体像と今後の課題』誠信書房、二〇一五年。

柏女霊峰（監修）、橋本真紀（編）『子ども・子育て支援新制度　利用者支援事業の手引き』第一法規、二〇一五年。

第9章　次世代の「社会的養育」の在り方を企画する

1　子ども・子育て支援制度と満三歳未満児在宅子育て家庭の保育

子ども・子育て支援制度の意義

二〇一五年度から子ども・子育て支援制度が始まった。本書においてこれまで何度も述べてきているとおり、本制度を端的にいえば、その目的のひとつであった全世代型社会保障の実現、すなわち、「介護が必要になったら介護給付、育児が必要になったら子ども・子育て支援給付」であり、介護保険制度を模した仕組みの導入であるといってよい。これに、待機児童対策、幼保一体化、幼児期の教育の振興の三つの視点が加わる。そして、その根底には、切れ目のない支援、ソーシャル・インクルージョン（social inclusion：社会的包摂）といった政策目標が横たわっていなければならない。

これも繰り返しになるが、二〇一五年度は二〇〇〇年度に開始された社会福祉基礎構造改革から一五年の節目の年であり、これで、高齢者福祉制度体系における介護保険制度、障害者福祉制度体系における障害者施設等給付制度、子ども家庭福祉・保育制度体系における子ども・子育て支援制度と、個人の尊厳と利用者主権を尊重する個人給付型の制度体系が三分野揃って導入されたことになる。人間の一生を同じシステムによって保障しようとする人間福祉の視点といってよく、このことが子ども・子育て支援制度創設の最大の意義であるといってよい。

子ども・子育て支援制度における給付と満三歳未満児在宅子育て家庭

子ども・子育て支援制度における子どものための教育・保育給付の対象は、以下の三類型に分けられる。すなわち、子ども・子育て支援法第一九条第一項における第一号子ども（満三歳以上の小学校就学前子ども）、第二号子ども（満三歳以上の小学校就学前子どもであって、保護者の労働または疾病その他の内閣府令で定める事由により家庭において必要な保育を受けることが困難であるもの）、第三号子ども（満三歳未満の小学校就学前子どもであって、前号の内閣府令で定める事由により家庭において必要な保育を受けることが困難であるもの）の三類型である。これらの子どもの保護者に対しては、子どものための教育・保育給付が支給されることとなる。

逆にいえば、それ以外の就学前子ども、すなわち満三歳未満で「保護者の労働または疾病その他の内閣府令で定める事由により家庭において必要な保育を受けることが困難である」子ども以外の子どもの保護者は、子どものための教育・保育給付を受けることができないのである。こうした子どもたちは、満三歳未満児の約七割に相当する。子どもたちは家庭で養育され、その支援のために、一時預かり事業や地域子育て支援拠点事業等の地域子ども・子育て支援事業が用意されることとなる。

つまり、満三歳以上の就学前子どもについては希望するすべての子どもに学校教育(1)を保障する一方、満三歳未満児については、いわゆる保護者の事情による「保育を必要とする子ども」についてのみ「保育」を保障することとされている。これは、満三歳未満児は学校教育、すなわち学級集団による教育から除外し、保護者の事由に着目して保育を必要とする時間の保育を提供することにしているためである。つまり、満三歳未満児の在宅子育て家庭の保育は基本的に私的養育として扱われていることを示している。そして、その保護者に対しては、一時預かり事業等給付以外の子育て支援サービスによりいわゆる保育を提供することとしているのである。これを図示したものが図９－１である。

（1）　幼児期の学校教育を提供する施設は、幼保連携型認定こども園と幼稚園である。

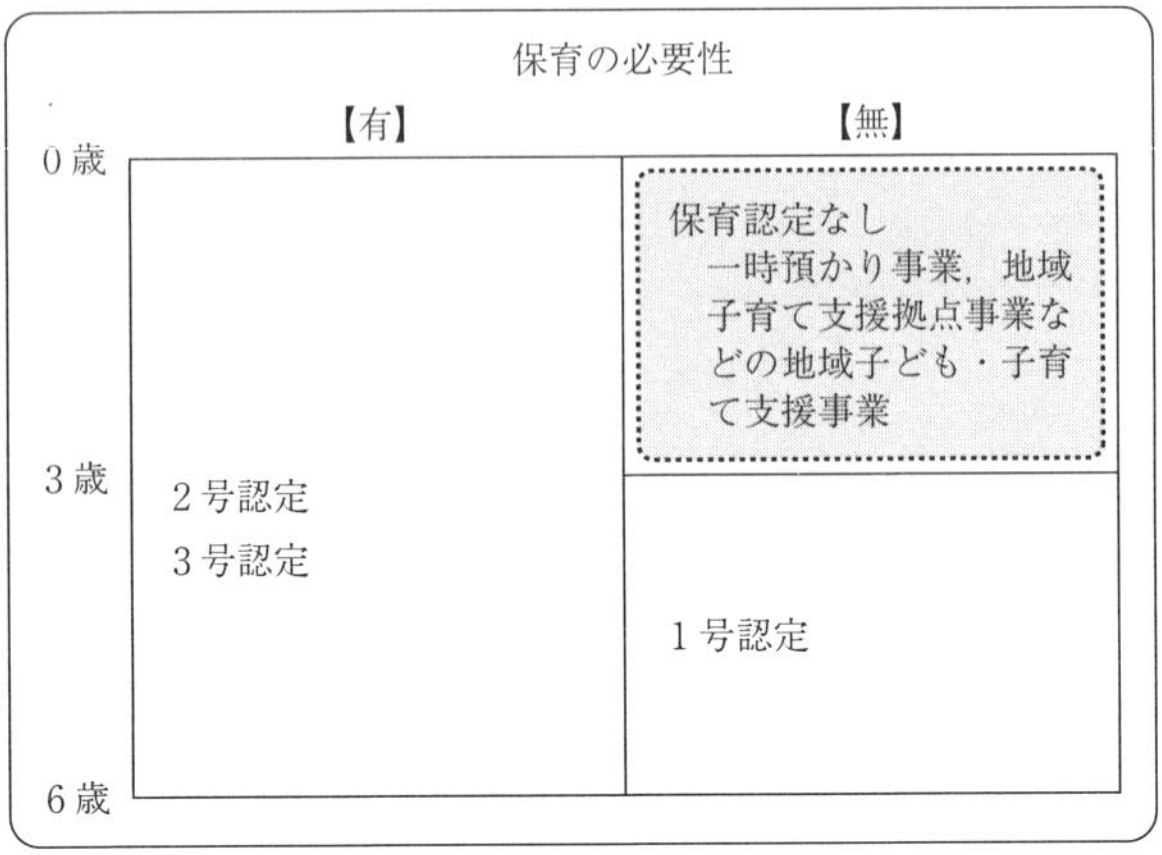

図9－1　子ども・子育て支援制度に基づく保育認定と満3歳未満児在宅子育て家庭

出所：筆者作成。

満三歳未満児に対する保育の必要性

このように、〇～二歳児は地域子ども・子育て支援事業の対象とされ、保護者の条件により必要な子ども以外は子どものための教育・保育給付の対象とされてはいない。つまり、満三歳未満児の保育については、保護者の育児と就労の両立支援の観点から整備されるいわゆる子育て支援サービスとして捉えられ、幼児期の教育や子どもの健全育成、すなわち子ども自身のニーズに着目する観点からは考えられていないのである。

実際、〇～二歳児の在宅子育て家庭の保護者は、諸調査をみても保育所利用保護者より育児困難感や不安が高く、また、一時預かり希望が最も多い時期でもある。事実、政府における当初の検討[2]では、一時預かりは身近な場所で実施でき、たとえば月一回以上などいわゆるバウチャー制度として構築することも検討されていた。

しかし、満三歳未満の乳幼児においても子どもの健全な育成や発達促進のために、「保育」は有効と考えられる。

2　石川県における先駆的取組――マイ保育園登録事業ほかの実践を通して

筆者は、二〇〇六年度から石川県少子化対策担当顧問として、マイ保育園登録制度の実現やマイ保育園みんなで子育て応援事業（二〇〇七年度）、マイ保育園地域子育て支援拠点化推進事業（二〇〇八年度）の創設、評価等に携わってきた。

マイ保育園登録制度とは、保護者を妊娠中から支援するいわば家庭園となる保育所等を乳幼

（2）　子ども・子育て支援制度の本格的検討は、二〇〇七年一二月、政府において将来的な少子化対策を検討していた「子どもと家族を応援する日本」重点戦略検討会議がとりまとめた「『子どもと家族を応援する日本』重点戦略」に始まるが、そこでは、一時預かりについて、「すべての子育て家庭に対する一時預かり制度の再構築――すべての子ども・子育て家庭に対するサービスとして機能するよう事業を再構築し、一定水準のサービス利用を普遍化」と記述され、バウチャー等による普遍的利用が考えられていた。

児登録園として指定して一時保育券を複数枚配布するとともに、希望者には、指定された在宅育児支援事業者（保育所等）に配置された在宅育児支援専門員（石川県が実施する一定の研修を受けた子育て支援コーディネーター）が、保護者とともに乳幼児発達支援計画（子育て支援プラン）を作成しつつ、親子の生活をともに創造していくシステムのことである。開始された二〇〇五年度当初は登録と一時保育券の配布や相談のみであったが、モデル事業のマイ保育園みんなで子育て応援事業を経て、二〇〇八年度からマイ保育園地域子育て支援拠点化推進事業として本格実施されている。

本事業では、これまで全国に先駆けて実施しているマイ保育園登録制度において一時保育券を複数枚配布して使用できるようにし、また、保護者がマイ保育園に配置された子育て支援コーディネーターとともに、子育て支援プランを作成する事業を実施してきた。子育て支援コーディネーター養成・配置後のフォローアップ研修等では、子育て支援プラン作成事例の報告や演習なども進めてきた。その事例のなかには、週一度など定期的に一時保育を活用することによって、親子関係や子どもの成長、発達に有益な影響がみられる事例も報告されていた。たとえば、以下の事例(3)などがあげられる。

事例1　母親に育児負担感があっても一人で頑張ろうとする事例

（家族の状況・課題）

核家族。生後六か月の双子。祖父母が遠方のため、育児への協力を得られない。離乳食が思うように進まず、悩んでいる。一人が泣くともう一人も泣くなどのため、母親にゆとりが感じられず、表情が固い。母親は「育児は特に大変ではない」という。

（支援内容）

・母親の負担軽減と子どもの育ちの見守りのため、週一回の一時保育を実施。
・信頼関係ができるよう、送迎時など母親になるべく声かけを行う。
・母親同士の交流及び育児サポート（ふれあい遊びなど子どもとの関わり方の紹介など）のため、週一回のマイ保育園登録者対象の育児教室に参加。
・母親への傾聴の機会として、月二回、離乳食その他育児について相談を実施。
・同じ立場の母親が集まる多胎児サークルを紹介。

（3）事例は、石川県健康福祉部少子化対策監室主催の子育て支援コーディネーターフォローアップ研修（二〇〇八年、二〇〇九年開催）で、事例検討課題として収集した事例から引用。なお、結果に影響しない程度に必要な改変を加えている。

（支援結果）

母親の表情が明るくなり、育児教室では、お互いの悩みや苦労、楽しみを共感できる仲間ができた。個別の育児相談を進めていくにつれ「育児が大変」と本音が言えるようになった。子どもも母親の後追いが減り、活発に遊ぶようになった。

なお、この事例では、図９－２の月間プラン、図９－３の長期プランが作成されている。

事例２　子どもの発達に不安がある事例

（家族の状況・課題）

核家族。半年前に転入。二歳。実家が県外で家族の協力が得られにくい。母子二人の時間が長い。園開放に参加している。母親は礼儀正しく身なりもきちんとしており、手づくり弁当を持参して園開放に参加している。親同士の付き合いは苦手のよう。子どもには強い口調で話すことが多い。

一歳六か月児健診で、発達について指摘される。母親は「発達が遅れているのはわかっているけど、健診で言われたことがショックだった」と訴える。母親は子ども同士で遊ぶ機会を求めている。

0000 年 7 月

作成年月日	0000 年 6 月 26 日
保護者氏名	A・A
プラン作成者名	B

区分		月曜日	火曜日	水曜日	木曜日	金曜日	土曜日	日曜日
第一週	日	【 30 日】	【 31 日】	【 日】	【 日】	【 日】	【 日】	【 1 日】
	時間 内容 (場所)	：〜： □	：〜： □	：〜： □	：〜： □	：〜： □	：〜： □	：〜： □
第二週	日	【 2 日】	【 3 日】	【 4 日】	【 5 日】	【 6 日】	【 7 日】	【 8 日】
	時間 内容 (場所)	9：00〜12：00 一時保育 △保育園 □	10：00〜12：00 多胎児サークル ○△センター ■	9：00〜12：00 育児教室 △保育園 ■	：〜： □	：〜： □	：〜： □	：〜： □
第三週	日	【 9 日】	【 10 日】	【 11 日】	【 12 日】	【 13 日】	【 14 日】	【 15 日】
	時間 内容 (場所)	9：00〜12：00 一時保育 △保育園 ■	：〜： □	9：00〜12：00 育児教室 △保育園 ■	：〜： □	10：00〜12：00 育児相談 △保育園 ■	：〜： □	：〜： □
第四週	日	【 16 日】	【 17 日】	【 18 日】	【 19 日】	【 20 日】	【 21 日】	【 22 日】
	時間 内容 (場所)	9：00〜12：00 一時保育 △保育園 ■	：〜： □	9：00〜12：00 育児教室 △保育園 ■	：〜： □	：〜： □	：〜： □	：〜： □
第五週	日	【 23 日】	【 24 日】	【 25 日】	【 26 日】	【 27 日】	【 28 日】	【 29 日】
	時間 内容 (場所)	：〜： □	：〜： □	9：00〜12：00 育児教室 △保育園 □	：〜： □	14：00〜15：00 育児相談 △保育園 □	：〜： □	：〜： □

注）利用実績があった場合は，□を■のように塗りつぶすこと。

※子育て支援プランについて説明を受け，内容に同意しました。	0000 年 6 月 26 日	保護者氏名（署名）	A・A
※子育て支援プランにかかる利用実績確認	0000 年 7 月 31 日	保護者氏名（署名）	A・A

図９－２　子育て支援プラン（月間用）

出所：石川県健康福祉部少子化対策監室主催の子育て支援コーディネーターフォローアップ研修で事例検討課題として収集した事例を筆者一部修正。

作成年月日　0000 年 6 月 15 日

初回（○で囲む）・ 継続　変更　回目

＊初回プラン作成日　年　月　日

保護者名　A・A 生年月日　年　月　日　32 歳	マイ保育園名 △保育園
子の名前　A・B，A・C 生年月日　年　月　日　歳 6 か月	子育て支援コーディネーター B

子育てに関する保護者の意向

健康に，人と仲良く関われるように。

双子のため子育ての負担が大きいため，少しでも自分の時間が持てるようにしたい。

総合的な援助の方針（子育て支援，子どもの発達支援）

心身ともに安心して育児ができるよう，ともに考えていく。

一時保育が母の休息にもなるように配慮する。

※サービス提供上の留意事項

母の思いを受け止めながら，押し付けにならないようにする。

目標

長期目標

心身ともに安心して生活を送ることができる。

子の発達の経過を見守ることができる。

短期目標

身近に相談相手を作ることができるようになる。

他児とふれあう機会を作ることができるようになる。

サービス内容	サービス種別	サービス担当機関	頻　度
子どもの相談	保育園での育児相談	△保育園	月　2　回
母親の休息，子の発達の見守り	一時保育	△保育園	月　4　回
母親同士の交流の場	育児教室	△保育園	月　4　回
多胎児の母同士の交流	多胎児サークルの紹介	多胎児サークル	月　1　回
			月　回
			月　回
			月　回

次回プラン見直しの時期　0000 年 9 月 15 日ごろ（6 か月以内）

備考

※子育て支援プランについて説明を受け，内容に同意しました。　0000 年 6 月 15 日

保護者氏名（署名）　A・A

図 9－3　子育て支援プラン（長期用）

出所：石川県健康福祉部少子化対策監室主催の子育て支援コーディネーターフォローアップ研修で事例検討課題として収集した事例から引用。

（支援内容）

・母親の休息と子ども同士が関わる時間を確保する、子どもの状況を観察するため、週一回の一時保育を実施。

・母親の不安軽減のため、月一回、送迎に合わせて面接を実施。

・子どもの発達については保健師につなげ、また地域のその他の子育て支援サービスの情報提供。

・利用のない月は、子どもの生活リズムを参考にお昼寝時間などに電話連絡し母親の話を聞いた。

（支援結果）

関わりから四か月が経過し、母親の話を受け止めたことで、子どもの発達について母親自ら保健師に相談に行くようになった。表情はまだ硬いが、笑顔もみられるようになった。親同士の関わりは苦手のようだが、コーディネーターには自ら声をかけてくるようになった。

事例3　母乳栄養からミルクへの切り替えに悩む事例

（家族の状況・課題）

六人家族。生後二か月児。母乳栄養。母親の職場復帰のため、保育園入所となるが、ミルクに切り替えることができるかが心配。病院受診のため、一時保育を利用したいが、母乳栄養のため預けられないとの訴えがある。

(支援内容)

・母親の不安について相談を受ける（週一回計三回）。
・不安の大きい母乳栄養に配慮し、週一回二〜三時間の一時保育から実施。
・母親のミルク、入所への不安に対しては、一時保育の担当保育士が子どもの様子を伝え、母親の話を聴く。
・ミルクが飲めるようになってからは、一時保育を一日に延長。

(支援結果)

母親の不安を相談により受け止め、子どもはスムーズに保育所入所できた。

マイ保育園みんなで子育て応援事業、マイ保育園地域子育て支援拠点化推進事業の評価

石川県では、二〇〇七年度並びに二〇〇八年度に、上記事業の評価を行っているが、そこでも定期的一時預かりの実施が子どもの成長や親子関係の変化に好影響を与えている結果がみられている。

たとえば、マイ保育園みんなで子育て応援事業の実施結果（石川県健康福祉部少子化対策監室、二〇〇八）においては、定期的一時預かり事業をプランに含めている事例だけではないが、子育て支援プランに基づく支援が親子に与えた効果について、利用者や子育て支援コーディネーターに対する聞き取り等の結果から以下のとおり取りまとめている。

①保育士と気軽に話すことで母親のリフレッシュにつながり、また、保育士に話を聞いてもらうことで気持ちが楽になり、育児不安や孤立感の解消につながった。
②保育士等から育児のアドバイスを受けることで育児の参考になったり、育児不安の解消につながった。
③子育て支援に関する情報が得やすくなった。
④一時保育の利用により子育てに余裕ができた。
⑤定期的に一時保育を利用したところ、子ども同士の触れ合いにより良い刺激を受けて成長し、子どもが集団に入っていけるようになるなど、子どもの社会性が育った。
⑥プランをつくってもらったことで、生活が規則正しくなり、子どもの生活リズムが整えやすくなった。
⑦子育て支援プランの作成を通じて地域の子育てサービスとの連携が進んだ。

先にあげた三事例は、いずれも保育士による一時預かりを週一回活用している。それは、保護者のリフレッシュ、支援とあわせ、子どもの定期的利用による親子関係の改善、子どもの社会性等の発達に伴う問題改善とも捉えることができる。つまり、一時預かりなど保育サービスの積極的な利用により、リフレッシュして育児に専念することにより親子関係への良い影響を見込むとともに「密室育児」の解消や虐待予防につながるなどの親子関係への好影響のみならず、子どもが、他の大人や同年齢の子どもなど多くの人と出会い、ふれあうことによる発達の促進など子ども自身の発達にも好影響を与えていることが示唆された。

つまり、「一時預かり」といった保護者の視点から捉えるのではなく、子どもに定期的な保育サービスの利用を保障するという子どもの「発達保障」ないしは「健全育成」の視点からサービスを提供することも有効であると考えられたのである。

3　基本保育制度構想について

こうした子どもの健全な育成に着目してサービスを構築しようとする視点の背景には、筆者ら（柏女・尾木ほか、二〇〇六など）が提唱している基本保育制度構想がある。基本保育制度構想とは、子ども・子育て支援法や児童福祉法のような保護者の条件に着目した「保育を必要とする」状態にはない〇～二歳児に対する保育保障を、どのように充実するかという観点から導き出された構想である。

基本保育制度とは、「就学前児童は、その年齢に応じ、単独で又は子どもの保護者とともに、一定の時間、基本保育を利用することができる」という制度である。これは保護者の育児と就労の両立支援、子育て支援の観点ではなく、乳幼児の健全育成の視点といってよい。

この構想の基本的視点は、「子どもは、人と人との関わりの中でこそ健全な成長が図られる」ということである。現代はそうした関わりを保障する地域におけるつながりが得にくいため、たとえば、〇歳児は一週間に一回、二時間程度、地域子育て支援拠点や保育所、一時預かり事業の実施場所等で親子一緒に、ないしは子どもだけで保育を受けることができること（これを仮に〇歳児における「基本保育」と名づける）とする。そこで、子どもは、他の親に抱っこしてもらえる、他の子どもと手をつなぐ経験をもつことができる。そうすることで、子どもの健全な成長を社会が保障する責任を果たすという構想である。

この構想によると、たとえば、一歳児は週に二回、親子でないしは子どもだけで、二歳児は週に二～三回、子どもだけで、四時間程度を保育所、幼稚園や認定こども園で基本保育を受けることができる。さらに、三歳以上児は週に五日間、一日四時間を標準とする基本保育を受けることができる。これは、いわば学校教育に該当する部分である。さらに、基本保育を活用しない保護者に対しては、訪問活動等を行うことによって育児困難や孤立があれば早めに対応していくこととする。場合によって、訪問在宅保育（たとえば居宅訪問型保育事業の活用など）を実施することもできるようにする。

そして、それ以上の保育が必要な場合には、「要保育認定」に基づいて保育時間の延長ができるようにする。これが、保護者に対する仕事と子育ての両立支援の部分である。つまり、子どもの育成を図るための「基本保育」と、親の支援を図るための要保育認定による「子育て支援」サービスとの二本立てのシステムとするわけである。これらを図示すると、図９－４のようになる。

このような仕組みを創設することによって、子どもの育ちと保護者の子育て支援とを両立させていくことが必要と考えられる。この仕組みに、子育て支援者と保護者との協働による子育て支援プランづくり等を付加すれば、文字どおり、子どもの出産や子育てを契機として、親の新たな人生設計をともに考えることもできる。

この構想を満三歳未満児の在宅子育て家庭の子どもの健全育成、発達保障に応用したのが、マイ保育園みんなで子育て応援事業やマイ保育園地域子育て支援拠点化推進事業であるといえる。

さらに、この構想は、子どもに、多様な大人との、あるいは子ども同士の関わりを保障する

行政の責任（児童福祉法旧第2条）
　国及び地方公共団体は，児童の保護者とともに，児童を心身ともに健やかに育成する責任を負う。

基本的視点
　乳幼児は，人と人との関わりの中でこそ健全な育成が図られる。

（効果）
すべての子ども（0歳 ～ 2歳）の育ちを保障

基本保育制度構想から見た今後の保育サービスのあるべき姿（一例）

対象児	集団保育の実施頻度等	実施場所	参加者
0歳児	週1回，1回2時間程度	保育所，つどいの広場等	親子，子どものみ
1歳児	週2回，1回4時間以内	保育所，幼稚園等	親子，子どものみ
2歳児	週2回，1回4時間程度	保育所，幼稚園等	子どものみ
3歳以上児	週5回，1回4時間程度	保育所，幼稚園等	子どものみ

すべての子育て家庭に基本保育を提供

※さらに，仕事や病気などにより保育が必要な場合は，保育時間の延長を可能とする。

図9－4　基本保育制度構想の概念

出所：筆者作成。

こととなる。子どもをまん中にして、人と人とがつながる仕組みを幅広く用意することにより、こうした支援は達成される。「子はかすがい」を生活場面において具現化することにもつながるのである。すなわち、地域子育て支援を「子育ち」の視点から捉えなおすこと、換言すれば、子どもの育ちをまん中にした「子育ち支援」としての子育て支援として再構成する考え方である。

4 石川県におけるモデル事業

こうした構想や実践をふまえ、石川県では、二〇一五年度から「在宅育児家庭通園保育モデル事業」を開始している。図9-5はその事業の概要である。また、「石川県在宅育児家庭通園保育モデル事業実施要領」は、表9-1のとおりである。

このように、この制度は、満三歳未満児が子ども・子育て支援制度下において「通園」による保育サービスの対象外とされていることを受け、子どもに「同世代の子どもや親以外の大人との関わりの中で健やかに育つ機会を提供」するとともに、親にとっても「保育士や他の親等との関わりや社会活動に参加することで、精神的不安を軽減」することを目的に実施する事業である。この目的のため、在宅育児家庭の満三歳未満児が、定期的に集団保育を受けることが

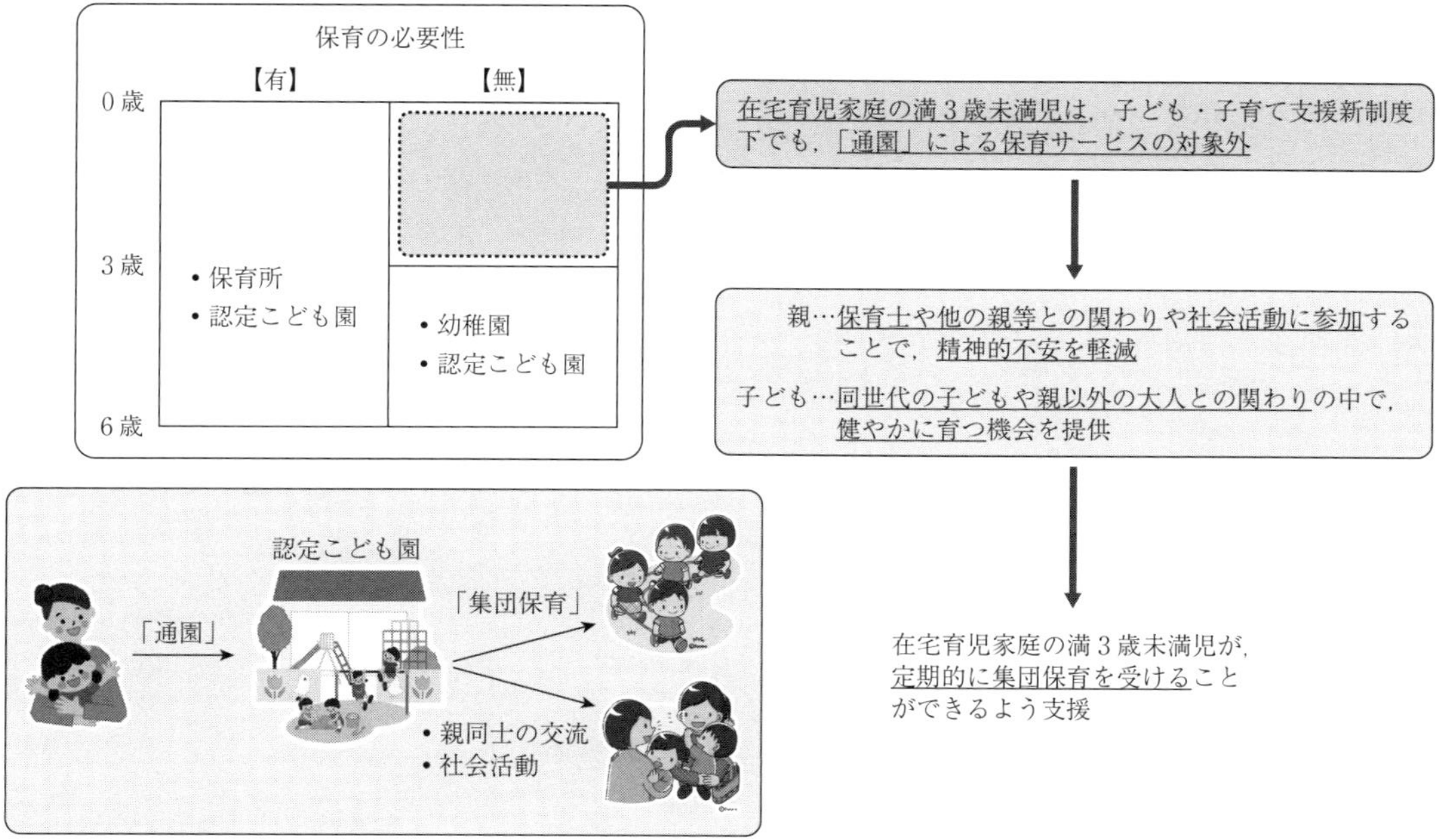

図9－5　在宅育児家庭通園保育モデル事業

出所：石川県健康福祉部少子化対策監室における行政説明資料（2015年）より。

表９－１　石川県在宅育児家庭通園保育モデル事業実施要領

1　事業の目的

核家族化が進行し地域のつながりも希薄化する中，子ども・子育て支援新制度においても，満３歳未満の在宅育児家庭の子どもは通園による保育サービスの対象外とされ，日夜子どもと共にいる在宅育児家庭の保護者の心理的・身体的負担は大きく，また，子どもにとっても同世代の子どもや親以外の大人との関わりの中で健やかに育つ機会を持つことができないままとなっている。

この事業は，こうした満３歳未満の子どもを持つ在宅育児家庭が安心して子育てができる環境の整備に向けて，私立認定こども園その他の施設において，通園に準じた保育サービスをモデル的に提供するものである。

2　実施主体

実施主体は市町とし，市町が認めた施設で実施するものとする。

3　事業の内容

満３歳未満の在宅育児家庭（原則として，核家族とする）の子どもについて，主として日中において，私立認定こども園その他の施設において，通園に準じた保育サービスを提供する事業。

4　実施方法

(1)　実施施設

私立認定こども園（翌年度，認定こども園に移行予定の私立保育所等でも可）とする。

(2)　対象子ども

子ども・子育て支援法（平成24年法律第65号）第19条第１項第３号該当として市町の認定を受けた子ども（以下「３号認定子ども」という。）を除く，満３歳未満の在宅育児家庭（原則として，核家族とする）の子どもを原則とする。

(3)　職員配置等

対象子どもが本事業を利用するときは，対象子どもを３号認定子どもとみなして，実施施設について定められた職員を配置し，及び施設設備を設けるものとする。

(4)　通園に準じた保育サービス

①実施内容

就学前の子どもに関する教育，保育等の総合的な提供の推進に関する法律（平成18年法律第77号）第６条若しくは第10条又は児童福祉施設の設備及び運営に関する基準（昭和23年厚生労働省令第63号）第35条の規定に準ずるものとする。

②実施期間

対象子どもにつき3月程度以上継続実施することを原則とし，実施施設の運営状況や保護者ニーズ等を考慮して，施設長がこれを定めるものとする。

③実施回数

対象子どもにつき週1回程度以上を原則とし，実施施設の運営状況や保護者ニーズ等を考慮して，施設長がこれを定める。

④実施時間

対象子どもにつき1日4時間以上を原則とし，実施施設の運営状況や保護者ニーズ等を考慮して，施設長がこれを定める。

(5)　保護者との連絡

実施施設は，常に保護者と密接な連絡をとり，実施内容について，その保護者の理解及び協力を得るよう努めなければならない。

5　保護者負担

実施施設は，本事業の実施に必要な経費の一部を保護者から徴収することができる。

6　費用

本事業に要する費用の一部について，県は別に定めるところにより補助するものとする。

7　その他

(1)　実施施設は，市町に対し，事業開始前に実施計画書を提出し承認を得ること。

(2)　実施施設は，保護者に対し，利用日，利用時間，利用回数及び保護者負担などについて説明し，事業の開始について同意を得ること。

(3)　実施施設は，賠償責任保険への加入など，対象子どもの利用中の事故に備えること。

(4)　本事業の効果測定等のため，県が保護者や実施施設の職員に対してアンケート調査等を行うとき，市町及び実施施設は協力すること。

附　則

この要領は，平成27年7月27日から施行する。

出所：石川県健康福祉部少子化対策監室，2015年。

できるよう支援するモデル事業として実施するものである。

石川県では、二〇一五年一〇月現在、対象となる私立の認定こども園がある一一市町すべての二八か所でこのモデル事業を実施する予定である。また、二〇一五年七月の全国知事会でも、知事自らこの取組を提案したところであり、事業の効果や課題を抽出し(4)、制度化へ向けて国に提案していくこととしている。

5　基本保育をどのように考えるか

私的養育、共同養育、代替養育――共同養育としての基本保育

子育ての社会化が必要とされているが、「子育て」という営みに対して社会がどの程度関わりをもつかということに対して、実はまだ十分に社会の合意が得られていない。それは、私的養育と公的代替養育（以下、「代替養育」）との間の線引きに社会の合意ができていないことを示している(5)。

現状の子育て支援・保育サービスは、いわば、私的養育とそれが不可能な場合の代替養育に限定されている。その中間は、近隣・地域の互助による養育に依存することを前提とし、事業として用意されているに過ぎない。すなわち、いわゆる「（昼間）保育を必要とする(6)」と行政に

より認定された子どもの親は、代替養育システムである保育サービスを「保育を必要とする」間、利用することができる。そして、それは子どもの事情ではなく、親の事情による。

一方、わが子が「保育を必要とする」と認定されなかった親は、現行制度では私的養育の範疇として、自ら保育サービスを購入することも含めて全面的に親が養育しなければならない。あるいは、近隣・地域の互助による養育やその延長として捉えられている子育て支援活動に頼るしかない。子育て支援事業も法定化されてはいるが、まだまだ十分ではない。それは、地域子ども・子育て支援事業が個人の権利として与えられるものではなく、行政の裁量に委ねられていることも影響している。

(4) 石川県立看護大学西村氏、金谷氏を中心に、現在、本事業の効果測定が続けられており、二〇一六年には、利用群三八名、対照群三五名を分析対象とした報告が日本母性衛生学会にて行われた。その結果、「育児困難感Ⅰで利用群では〇歳、二歳児の母親で改善したものが多かった。育児困難感Ⅱでも、利用群の二歳児の母親で改善している人が多かった。子どもの生活リズムは、顕著な改善は両群で認められなかった」という結果であった。少数の短期間の評価ではあったが、二歳児の母親で育児困難感の改善が多かったことから、通園保育の効果があるといえる結果であった。今後も、事業の評価を継続していくこととしている。

(5) 現在、厚生労働省の検討会において検討が進められている「社会的養育」の概念整理が、この課題に一定の合意を与えてくれることを願いたい。

(6) 子ども・子育て支援制度施行前は「保育に欠ける」が保育サービス提供の要件であり、「保育を必要とする」よりさらに限定された要件となっていた。

その結果、地域のソーシャルキャピタル[7]の崩壊が進むなか、近隣・地域の互助による養育も細り、保育を必要としない子どもを育てている親が子育ての負担感を募らせ、保育所サービス利用者の増加をもたらすこととなる。つまり、私的養育か代替養育かという二者択一のシステムが「代替」養育に対するニーズの増大を生み出すこととなる。

この問題を解決する方法として、私的養育をする親のための一時預かり制度、つまり一定限度の「代替」養育システムを導入することは、すべての親に「代替」養育制度を導入することを意味することとなり、私的養育を是とする親をためらわせ、また、行政担当者や子育て支援実践者をして、いわゆる「子捨てを助長」するとの意見を生み出していくこととなるのである。また、代替養育のための財源が果てしなく膨らむ結果をもたらす。この結果、代替養育システムは親の私的養育を崩すとの論調を生み出すこととなり、結果として、私的養育と代替養育との間で社会的意識は揺れ動く結果を招くのである。これが、子育て支援政策に見られる両価感情[8]であるといってよい。

「社会的養育」概念の提唱と基本保育制度

この問題を解決するには、私的養育と代替養育との二元体制を解消し、いわゆる子育ては親と社会[9]の二者で担うことを原則とする社会的な養育（これを仮に「共同養育」と呼ぶ）を基本に据えることである。いわゆるソーシャルキャピタルが機能していた時代は、近隣・地域の互助による養育が共同養育の機能を担っていたといえる。しかし、現在ではそれが困難になっており、社会的な仕組みを導入することを通して新たな共同養育を成立させることが求められているのである。基本保育は、私的養育に属する事業でも代替養育に属する事業でもなく、このような共同養育に属する事業として構成されることが必要とされる。

養育責任の主体と子ども・子育て支援との関係は、図9－6のように示される。そして、その全体を社会的養育と呼ぶことが適当と考える。つまり社会的養育とは以下のように定義することができる。

---

(7)　アメリカの政治学者パットナム（Putnam, R. D.）による研究によって、一九九〇年代以降大きな関心を集めることとなった概念で、人々の協調的な行動によって社会の効率性を高めることのできる、社会的信頼、互酬性の規範、ネットワークといった社会組織の特徴のことである。

(8)　子育て支援者や行政担当者に見られる、現代の親子には子育て支援が必要であるという考え方と、子育て支援は親の子育てを代替し、結果として親の子育ての機能を奪ってしまうという考え方との相克をいう。

(9)　「社会」の概念については、今後、十分な論考が必要とされる。二〇〇八年二月二七日付で厚生労働省が公表した「『新待機児童ゼロ作戦』について」によると、財源論ではあるが、「……、国・地方・事業主・個人の負担・拠出の組合せにより支える『新たな次世代育成支援の枠組み』の構築に向け、その具体的な制度設計の検討を速やかに進める」との記載がある。子ども・子育て支援制度はこの点の検討がまだ不足しており、今後、「社会で育てる」意味について十分な議論と社会的合意が必要とされる。

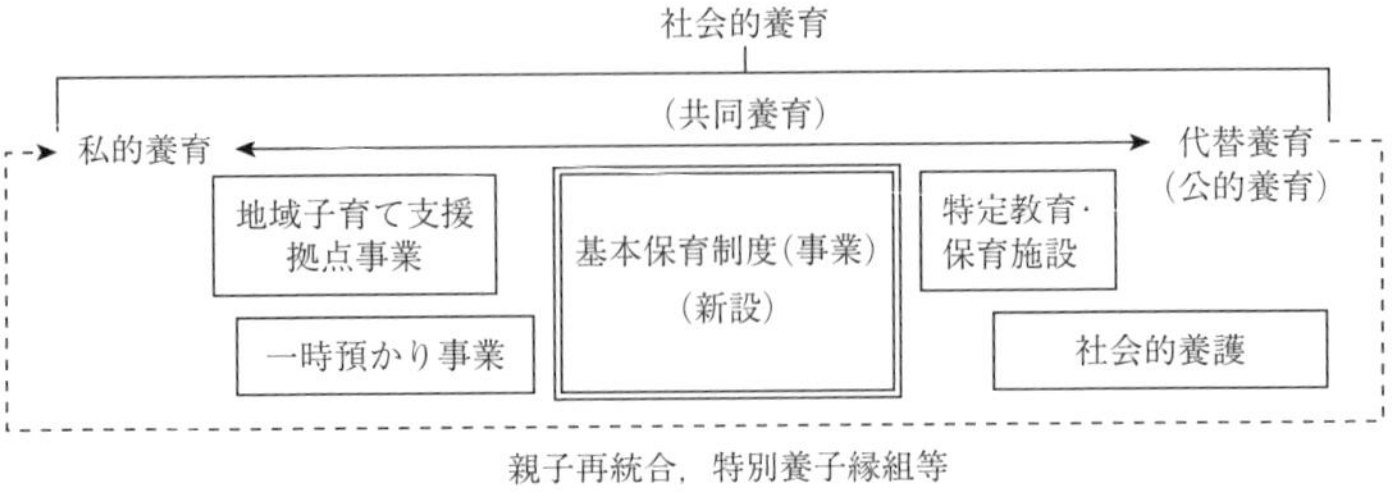

図9－6　社会的養育における養育責任の主体と子ども・子育て支援との関係

出所：筆者作成。

「私的養育を支援することから家庭で養育できない程度に応じて子どもの養育を社会的・公的に代替する代替養育までも含めて、社会全体で子どもを養育するシステムの体系をいう。それは、私的養育から代替養育までの連続的な支援の営みであり、かつ、代替養育から家族再統合や特別養子縁組等により、再び私的養育につながる循環的な営みでもある。」

共同養育システムの創設は、この社会的養育システムのなかで現在のサービスに欠けている部分を補うものであり、社会的養育体系の重要な部分であるといえるのである[10]。

基本保育制度はいわば政策であり、その基本理念が親と社会との共同養育という理念であるといえる。つまり、私的養育と代替養育との間に共同養育の概念を新たに入れ、私的養育の範疇に入る地域子育て支援拠点事業・一時預かり事業と代替養育の範疇に入る教育・保育施設保育や社会的養護の間に、共同養育の範疇に入る基本保育制度（石川県においては、在宅育児家庭通園保育モデル事業）を位置づけようとするのである。

社会的養育における共同養育システムとしての基本保育制度の意義——一時預かり事業の発展型を考える

基本保育制度を共同養育のシステムに位置づけた場合、共同して養育する対象となるのは子どもであり、親と事業者は、子どもの最善の利益を共通の目標として共同して役割を担う。現行の「一時預かり」は、その名称が語っているとおり親からみた視点である。しかし、共同養育の視点に基づくと、親と基本保育事業者は共同養育者となるのであり、その目的は、親の私的養育の私的な補完でも公的な代替でもなく、共同して子どもの最善の利益を達成する営みとなる。

子どもの最善の利益を考える際には、基本保育事業が①親にもたらす意味のほか、②子どもにもたらす意味、③親子関係にもたらす意味の三点が検討されなければならない。特に、②に

(10)　社会的養育の「社会」の概念については「公」との相違を明確化するなど、今後、十分な論考が必要とされる。狭義には、私的責任と主として行政が担うべき公的責任の間に、社会全体で社会連帯として担うべき社会的責任に基づく養育としての社会的養育を指す場合もあることに留意しなければならない。「社会で育てる」ことの意味について十分な議論と社会的合意が必要とされる。

関しては、前述したとおり、「子どもは、人と人との関わりの中でこそ健やかに育つことができる」という命題が基本的視点となる。つまり、そのことが確保されにくくなっている現状においては、〇歳児からすべての子どもに一定時間、人（大人や子ども）との関わりを保障する仕組みが必要であるということになる。また、③に関しては、「親子の絆は、親子だけではもつれやすいものである」という命題が基本的視点となる。つまり、親子の絆をしっかりと紡ぐためには、客観的な第三者の存在が必要とされるということになる。石川県の在宅育児家庭通園保育モデル事業は、主として②、③の命題を証明するためのモデル事業の一つと位置づけられるのであり、この視点から展開される通園モデル事業は、それに要する財源の負担者の議論も含め、今後の保育サービスの在り方をめぐる大きな試金石になるのではないかと考えられる。[11]

6 基本保育と社会連帯

今後の保育サービスの在り方を考えた場合には、私的養育か公的代替養育かの枠を超えた第三の視点、すなわち、社会的養育（本章においては、そのなかで現在欠落していると考えられる「共同養育」の概念を提唱した）の視点が求められる。そのうえで、共同養育を子育ての原則とし、親の養育力向上、子どもの発達促進、親子のより良い関係の促進の三点とする共同養育のシステムを創設することが必要とされる。そのためには、一時預かり事業の発展型として、子どもの発達促進の観点に立って定期的利用とする事業が考えられる必要がある。つまり、子どもの発達促進、よりよい親子の関係の促進を目的とする事業であり、この視点からの提案が、すべての子どもに一定時間の保育を保障する「基本保育」制度構想なのである。

今後、基本保育制度を含む子育て支援サービスを供給する「社会」を、親の養育を共同して担う主体として位置づけることにより、子育て支援に関する社会的意識の合意形成を進めることが必要とされる。その際の視点は、「社会連帯」[12]による次世代育成支援でなければならないと考える。

---

(11)　子育てには、生物的親と同時に心理的親や社会的親の存在が必要であり、それらが十分に機能しないと育児困難感や親子関係の歪みが生まれがちとなる。

(12)　「個人の責任に帰することのできない事柄を社会全体で包み支え合う」ことをいう。また、林は社会連帯を、「社会を構成する個々の人々に対する『人間としての責任』を強調する道徳的行動原理である」としている。林信明「社会連帯」日本社会福祉学会事典編集委員会（編）『社会福祉学事典』丸善出版、二〇一四年、三〇頁。「社会福祉基礎構造改革について（中間まとめ）」（一九九八年）は、「これからの社会福祉の目的は、従来のような限られた者の保護・救済にとどまらず、国民全体を対象として、このような問題が発生した場合に社会連帯の考え方に立った支援を行い、個人が人としての尊厳をもって、家庭や地域の中で、障害の有無や年齢にかかわらず、その人らしい安心のある生活が送れるよう自立を支援することにある」と述べ、「社会連帯」の考え方をその理念としている。なお、その後の「追加意見」にも同様の記述がみられている。

文献

石川県健康福祉部少子化対策監室「マイ保育園みんなで子育て応援事業の実施結果」二〇〇八年。

石川県健康福祉部少子化対策監室「マイ保育園地域子育て支援拠点化推進事業の実施結果」二〇〇九年。

石川県健康福祉部少子化対策監室「子育て支援コーディネーターフォローアップ研修」二〇〇八年・二〇〇九年。

柏女霊峰・尾木まりほか「児童家庭福祉制度再構築のための児童福祉法改正要綱試案（最終版）」『日本子ども家庭総合研究所紀要』第四二集、二〇〇六年。

柏女霊峰『子ども家庭福祉サービス供給体制――切れ目のない支援をめざして』中央法規出版、二〇〇八年。

柏女霊峰『子ども家庭福祉・保育の幕開け――緊急提言　平成期の改革はどうあるべきか』誠信書房、二〇一一年。

柏女霊峰『子ども・子育て支援制度を読み解く――その全体像と今後の課題』誠信書房、二〇一五年。

柏女霊峰『子ども家庭福祉論（第四版）』誠信書房、二〇一五年。

柏女霊峰（監修）、橋本真紀（編）『子ども・子育て支援新制度　利用者支援事業の手引き』第一法規、二〇一五年。

金谷雅代・西村真実子・柏女霊峰ほか「在宅育児家庭における『通園保育』利用の効果の検討」『第57回日本母性衛生学会総会学術集会抄録集』日本母性衛生学会、二〇一六年、二六八頁。

尾木まりほか「一時預かり事業のあり方に関する調査研究　平成二〇年度総括研究報告書　平成一九－

二〇年度総合研究報告書（研究代表者：尾木まり）」二〇〇九年。

終　章　近未来の子ども・子育て支援を考える

ここまで子ども家庭福祉の今後の方向性、子ども・子育て支援制度の導入の意義と各分野の動向と課題について述べてきたが、最後に、これまでの章で十分に触れてこなかった課題や各章の共通課題についていくつかの論点並びに子ども・子育て支援制度の中間年における見直しの課題を提示し、筆者の視点を提示することとしたい。

1　就学前保育の近未来

幼保連携型認定こども園と保育教諭（職名）の創設

幼保連携型認定こども園が創設されたことにより、これまでの福祉職としての保育士から教育職としての保育教諭への動きがある。いわゆる改正認定こども園法附則には、「幼稚園教諭、保育士資格の一体化を含めた在り方の検討」が規定されている。福祉職と教育職それぞれのミッション統合についての検討が必要とされる。

また、現在、幼保連携型認定こども園においては、幼稚園教諭のための実習と保育士のための実習とが、整合性のないままに実施されている。実習内容もそれぞれの資格・免許に規定される内容となっており、幼保連携型認定こども園の保育教諭としての実習内容としては不十分なものとなっている。地域によっては、幼保連携型認定こども園が主流となりつつある県もあり、早急に実習内容の在り方を含めた資格、免許の一体化の方向性を確認すべきである。

保育士不足の深刻化と各種対策の実施が生み出す保育士の専門性問題

第二に、待機児童問題への対応として入所児童の五〇万人増（約二〇パーセント増）が閣議決定され、そのための保育士確保が保育士確保プランを中心として次々と進められている。五〇万人分の保育サービス増のためには保育士九万人分確保が必要とされ、そのためには待遇向上が最大の課題とされる。

一方で、「児童福祉施設の設備及び運営に関する基準」その他の改正により、保育サービスの担い手として保育士以外の人材の活用も進んでいる。児童福祉施設の設備及び運営に関する基準、家庭的保育事業等の設備及び運営に関する基準、幼保連携型認定こども園の学級の編制、職員、設備及び運営に関する基準などの改正がそれである。これにより、配置に必要な保育士、保育教諭の一定割合を子育て支援員等に代えること（みなし保育士）ができるようにするなど、人的規制緩和が進んでいる。地域限定保育士制度の創設、保育士試験の複数化も実施された。さらに、八〇万人に上る潜在保育士の活用対策も進められている。地域型保育事業や企業主導型保育事業[1]においては、保育士数は必要とされる職員の半数まで下げることができることとされている。

これらの動向は、保育士という専門職によって養護と教育が一体となった保育が実践されてきた成果を、待機児童対策の名のもとに緊急、一時的な対策も含めて切り崩すものであり、「幼児期の教育の質の向上」という政策との不整合を生み出している。今後、保育士の半数配置を拡大するなど保育士を保育士以外の保育者の指導的専門職として位置づけるのであれば、それを前提とした保育士養成課程の見直しや研修制度なども打ち立てられるべきであり、それなくして、いわばみなし保育士として子育て支援員等の導入を図ることは、保育士の専門性の否定にもつながる事態であるといえる。

（1）二〇一六年度から創設された事業であり、多様な就労形態に対応する保育サービスの拡大に資するため、市区町村の認可が不要（認可外保育施設としての届出は必要）で、地域枠の設定が自由、複数企業による共同設置・利用が可能、運営費、整備費は認可施設並みの補助等の特徴をもつ保育サービスである。事業主拠出金により公益財団法人児童育成協会を通して補助がなされる。政府は、五万人分の保育サービスを本事業で提供することをめざしている。

また、その一方で、保育士を基礎資格とする専門職が創設されて保育士の専門性が評価されている動向もある。たとえば、保育士資格が基礎資格となっている最近の資格としては、放課後児童支援員、利用者支援専門員、障害児相談支援専門員、保育所等訪問支援事業の訪問支援員等があり、これらの動向と保育士の規制緩和は、相矛盾する動向といえる。

そのようななか、厚生労働省を中心として、人口減少時代を考慮して、高齢、障害、児童の施設・事業や資格の共通化の検討が始まっている。[2] たとえば、介護福祉士と保育士資格の相互乗り入れの検討などがある。またその一方で、希望するすべての三歳以上児が学校教育を受けることができるようになったことを受け、幼稚園教諭と保育士資格の一体化も進められ、就学前教育職の統合も視野に入れた再構築が課題となっている。今後、保育士資格はどこに向かおうとしているのか、しっかりとした議論が必要とされる。

幼児教育振興法案のゆくえ

幼児教育振興法案の国会審議が続けられている。これは、教育基本法第一一条（幼児期の教育の振興）に基づく基本法ともいえる法律であり、その含む条文は以下のとおりである。

前　文

第一章　総則（第一条‐第八条）
第一条（目的）　第二条（基本理念）　第三条（国の責務）　第四条（地方公共団体の責務）　第五条（幼児教育施設の設置者の責務）　第六条（保護者の役割）　第七条（関係者相互の連携及び協力）　第八条（法制上の措置等）
第二章　幼児教育振興基本方針等（第九条・第一〇条）
第九条（幼児教育振興基本方針）　第一〇条（地方幼児教育振興基本方針）
第三章　基本的施策（第一一条‐第一七条）
第一一条（幼児教育の内容及び方法の改善及び充実）　第一二条（人材の確保等）　第一三条（質の評価の促進）　第一四条（家庭及び地域における幼児教育の支援等）　第一五条（調査研究の推進）　第一六条（地方公共団体における幼児教育の振興に関する施策の実施体制の整備）　第一七条（無償化の推進）

（2）　厚生労働省・新たな福祉サービスのシステム等のあり方検討プロジェクトチーム「誰もが支え合う地域の構築に向けた福祉サービスの実現――新たな時代に対応した福祉の提供ビジョン」二〇一五年においては、分野横断的・包括的支援のためのシステムづくりを提言しており、分野横断的な資格のあり方検討についても提言がなされている。
二〇一七年二月には、いわゆる新福祉ビジョンをさらに進める「『地域共生社会』の実現に向けて（当面の改革工程）」も厚生労働省・「我が事・丸ごと」地域共生社会実現本部から公表されている。

そして、そのなかでは、国、地方公共団体における幼児教育の振興に関する施策の実施体制の整備が規定され、二〇一六年度から幼児教育の推進体制構築事業、いわゆる幼児教育センターの設置が全国都道府県でモデル的に始まっている（図終-1）。同事業では、地域の幼児教育の拠点となる幼児教育センターの設置や幼児教育アドバイザーの育成・配置等の活動が進められている。

しかし、幼児教育の中核を担う幼稚園は希望者が減って地方では定員割れが深刻化し、都市部では、待機児童対策の名のもとに保育職の規制緩和によって幼児教育機能のなし崩しが進む状況にある。かくて、根幹となる羅針盤を失ったままに、各種就学前保育は漂流を続けるかのようである。今こそ、幼保連携型認定こども園や保育所を中核とした、0歳から就学前までをひとつながりにとらえる幼児教育の在り方を検討すべきではないであろうか。

保育所保育指針、幼稚園教育要領、幼保連携型認定こども園教育・保育要領の改定

保育所保育指針、幼稚園教育要領、幼保連携型認定こども園教育・保育要領の改定が進められている。2月には、案のパブリック・コメント募集も始まっている。そのポイントは、保育

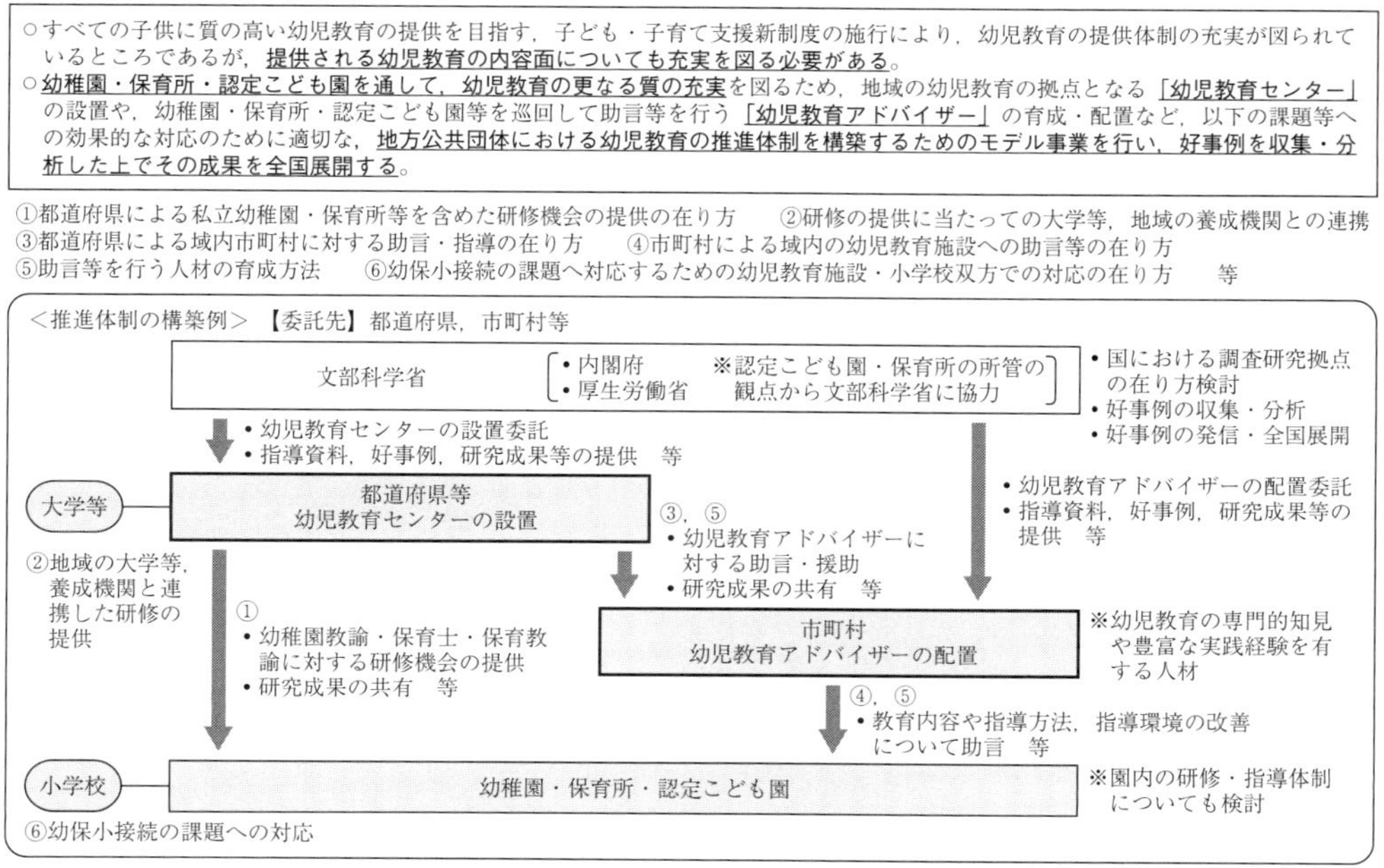
○すべての子供に質の高い幼児教育の提供を目指す，子ども・子育て支援新制度の施行により，幼児教育の提供体制の充実が図られているところであるが，提供される幼児教育の内容面についても充実を図る必要がある。
○幼稚園・保育所・認定こども園を通して，幼児教育の更なる質の充実を図るため，地域の幼児教育の拠点となる「幼児教育センター」の設置や，幼稚園・保育所・認定こども園等を巡回して助言等を行う「幼児教育アドバイザー」の育成・配置など，以下の課題等への効果的な対応のために適切な，地方公共団体における幼児教育の推進体制を構築するためのモデル事業を行い，好事例を収集・分析した上でその成果を全国展開する。
①都道府県による私立幼稚園・保育所等を含めた研修機会の提供の在り方
②研修の提供に当たっての大学等，地域の養成機関との連携
③都道府県による域内市町村に対する助言・指導の在り方
④市町村による域内の幼児教育施設への助言等の在り方
⑤助言等を行う人材の育成方法
⑥幼保小接続の課題へ対応するための幼児教育施設・小学校双方での対応の在り方　等
<推進体制の構築例>【委託先】都道府県，市町村等
文部科学省
• 内閣府
• 厚生労働省
※認定こども園・保育所の所管の観点から文部科学省に協力
• 国における調査研究拠点の在り方検討
• 好事例の収集・分析
• 好事例の発信・全国展開
• 幼児教育センターの設置委託
• 指導資料，好事例，研究成果等の提供　等
大学等
都道府県等
幼児教育センターの設置
• 幼児教育アドバイザーの配置委託
• 指導資料，好事例，研究成果等の提供　等
③，⑤
• 幼児教育アドバイザーに対する助言・援助
• 研究成果の共有　等
②地域の大学等，養成機関と連携した研修の提供
①
• 幼稚園教諭・保育士・保育教諭に対する研修機会の提供
• 研究成果の共有　等
市町村
幼児教育アドバイザーの配置
※幼児教育の専門的知見や豊富な実践経験を有する人材
④，⑤
• 教育内容や指導方法，指導環境の改善について助言　等
小学校
幼稚園・保育所・認定こども園
※園内の研修・指導体制についても検討
⑥幼保小接続の課題への対応

図終－1　幼児教育の推進体制構築事業

出所：文部科学省「幼児教育の推進体制構築事業の概念図」2016年。

における「学校教育との整合性、接続性への積極性」とその反対としての「養護への消極性」への懸念の二点であろう。「養護に関する基本的事項」を総則に移行し（幼稚園教育要領に「養護」の記載はない）、保育指針の五領域に「内容の取扱い」を追加することなどがそれにあたる。また、保育指針においても、総則において、「子どもの発達や成長の援助をねらいとした活動の時間については、意識的に保育の計画等において位置づけて、実施することが重要であること。なお、そのような活動の時間帯については、……」としたり、「幼児期の終わりまでに育ってほしい姿」を一〇項目立てたりして、それを基準にして子どもの成長を評価する視点を強調している点などがそれにあたる。

あわせて、二〇一六年一二月二一日に中央教育審議会答申「幼稚園、小学校、中学校、高等学校及び特別支援学校の学習指導要領等の改善及び必要な方策等について」（答申）が出された。中教審答申は、幼児教育の教育課程の基本的な枠組みと学校段階間の接続についても提言している。そしてその内容は、幼稚園、保育所、幼保連携型認定こども園の教育課程にも生かされることとなる。

提言は、学習指導要領改訂全体を通底する視点と共通する。すなわち、すべての学校段階に一貫した明確な成果目標、「資質・能力」である学校教育法第三〇条第二項に規定する「知識・技能」「思考力・判断力・表現力」「主体的に学習に取り組む態度」をもとに、幼児教育においては、それぞれ「知識・技能の基礎」「思考力・判断力・表現力の基礎」「学びに向かう力・人間性等」の三つを一体的に育んでいくことが必要としている。

これらを受け、指針や要領の検討においては、健康、人間関係、環境、言葉、表現の五領域の教育内容をふまえつつ、幼児教育において育みたい資質・能力の三つの柱を「知識や技能の基礎」「思考力・表現力・判断力の基礎」「学びに向かう力、人間性等」と定め、幼児期の終わりまでに育ってほしい姿の一〇項目として、次の項目があげられている。

①健康な心と体
②自立心
③協同性
④道徳性・規範意識の芽生え
⑤社会生活との関わり
⑥思考力の芽生え
⑦自然との関わり・生命尊重
⑧数量・図形、文字等への関心・感覚
⑨言葉による伝え合い

⑩豊かな感性と表現

教育重視の提案を否定するつもりはないが、保育所保育指針や幼稚園教育要領は、もともと「心情」、「意欲」、「態度」を育てることを主眼としており、学びに向かう力や非認知的能力を育てることを大切にしている。成果目標が学校教育法に規定する概念で整理されたとしても、時代が変わっても、乳幼児期において大切にしなければならないことは変わらない。就学前保育の本質である「遊びと生活」を重視したこれまでの保育現場の養護と教育が一体となった貴重な保育実践を、保育士たちが自信と誇りをもってさらに深めることができるようにしていかなければならない。

こうした教育重視の動向の背景には、三指針・要領の整合性の確保、統合がある。しかしながら、そのことは、現在の「教育」を所与のものとしてそれにあわせることを意味しているわけではない。根底に学校「教育」全体を通底する流れがあったとしても、幼児期の教育における「養護」の比重の高さやその意義を重視しない改定は、これまでの養護と教育が不可分とされた保育実践を混乱に導く可能性があるであろうことを指摘しておかねばならないであろう。子どもの権利条約や改正児童福祉法の理念、さらには現行保育所保育指針がもつ子ども観、発達観、保育観[3]と「学校教育」におけるそれとの整合性を図ろうとする姿勢が必要とされる。

保育の動向についての所感

子ども・子育て支援制度の施行により、それぞれの地域でさまざまな課題の指摘が出てきている。

具体的には、幼保連携型認定こども園へのインセンティヴが働いていない、待機児童の多い自治体が保育所に一号認定枠を設けることをためらい、幼保連携型認定こども園への認可替えが進まない、短時間認定の保育料が標準時間認定の保育料基準とほとんど変わらないため、保護者が標準時間認定を選び、結果として保育サービスの濫用事態が起こりつつある、保育サービスは多子減免があり一号認定にはないため、二号認定を選ぶようになるなどである。それは、これまで述べてきた以下の政策が同時に実施されており、相互に整合性が図られていないことも要因の一つと考えられる。

(3)　一例をあげれば、子どもは自ら自己の可能性を最大限に発揮しようとする主体的存在であり、それを支え、保障する保育者の関わりがあることで自己の意見をもつことができるなど主体的に生きることができるよう成長するとともに、他者の存在をも尊重することができるようになる。そのためには、保育者は、常に子どもの最善の利益を尊重した保育を行うことが求められる。柏女霊峰『子ども家庭福祉・保育の幕開け』誠信書房、二〇一一年など参照。なお、この視点、すなわち福祉の視点に立つ保育観については、第2章で触れている。

①幼保連携型認定こども園の創設による幼保一体化の推進が、インセンティヴ不足もあって十分に進んでいない。その結果、幼保三元化の事態に立ち至っている。地域型保育事業や企業主導型保育事業等の創設等もあり、保育サービスの多様化、複雑化が進んでいる。

②待機児童対策を主眼として、物的、人的規制緩和や企業主導型保育事業の創設等保育サービスの量的拡充を中心とする政策が進み、質の低下を懸念させる事態が起こっている。

③一方で、幼児教育振興法案の審議、三指針・要領の改定、特定教育・保育施設におけるキャリアパスの検討と待遇向上など保育の質の向上のための施策が進められているが、それを担う人材の規制緩和への対処が示されない、キャリアパスが指針や要領に規定されていないなど指針・要領の実質化に懸念がある。また、幼児教育振興法案を先取りする幼児教育センターのモデル事業がいわゆる幼稚園の教育課程における幼児教育の振興を主眼とし、保育所や幼保連携型認定こども園における一日の流れを通した教育や三歳未満児の教育が十分に意識されていない点も懸念が残る。

そうした三つの政策が同時進行し、それらがバラバラに進められて、保育政策の羅針盤が機能していないため、相互に牽制し合って政策が進んでいない面がある。三次の連立方程式が解けない状況であるといってよい。そのため、早急に、これらの実態を調査し、政策の整合性を図るとともに、優先順位を決めて政策を進めることが必要と考えられる。

前述したとおり、二〇一七年度予算案において、保育士の大幅な待遇向上とキャリアパス制度が創設されることになったことは大きく評価される。今後は、キャリアパス制度を法令にしっかりと位置づけるとともに、その内実化を図っていかなければならない。

2　福祉と教育の融合

幼保連携型認定こども園の今後の在り方に関わる政策的・実践的課題は、「教育と福祉の融合が図れるか」である。まず、政策的には、以下のことがいえる。

幼保一体化は子ども・子育て支援制度の大きな眼目であるが、地方行政レベルにおけるその実現は、社会づくり政策と人づくり政策の調和という理念レベルの課題とともに、メゾレベルやミクロレベルの課題の克服にかかっている。特に、教育委員会と首長部局との切れ目の克服は、子ども・子育て支援政策の最大の課題といえる（第1章参照）。各自治体では、特定教育・保育施設や放課後児童クラブの所管をめぐって模索が続けられている。この点は、いわゆる社会づくり政策と人づくり政策の調和が大きなテーマとなる。

続いてメゾレベル、運営・経営レベルでいえば、「保育教諭」という教育職のみの児童福祉施設が、児童福祉施設としてのミッションをどの程度果たせるかが大きな課題となる。特に、学校法人経営の幼保連携型認定こども園に児童福祉施設としてのミッションをどこまで期待すべきか、今後、実態をふまえた検討が必要である。現在でも、子ども・子育て支援制度参入をためらう学校法人立幼稚園の理由の一つが、入所の応諾義務(4)その他の福祉的視点に立つ運営方針(5)と仄聞している。たとえば、それぞれの学校法人の建学の教育理念を大切にする私立学校としてのミッションと、社会的弱者を優先する児童福祉施設としてのミッションがいかに両立できるかが鍵となる。

最後に、ミクロレベル、日々の保育実践の課題としては、福祉職と教育職それぞれのアイデンティティの融合が必要とされる。福祉職の大きなミッションの一つは、いわゆる社会づくりへの関与といえる。それは、保育職であっても同様である。本書第3章でも述べたとおり、全国保育士会倫理綱領は、前文で、「私たちは子育てにやさしい社会をつくります」とうたっている。また、第六条では利用者の福祉・生活ニーズの代弁、第七条では、関係機関とのネットワークによる地域で子どもを育てる環境づくりに努めることが規定されている。

こうした社会への働きかけ、すなわち福祉社会づくりのミッションは、福祉職に固有のことである。教育職の最大のミッションは教育による人づくりへの貢献であり、社会づくりの視点は副次的である。こうしたミッションの違いは、どのような子どもを優先して受け入れ、かつ、どのような子どもに育つことを願うかにも影響してくることとなる。これらは、メゾレベルの課題ともいえる。

ときには、保育教諭間で保育観の違いが浮き彫りになることもあるであろう。「生きる力の基礎を培い、義務教育及びその後の教育の基礎を培う」保育職としてのミッションは共通していても、個々の保育場面での保育者の立ち位置や対応は異なることも予想される。こうした違いをどのように乗り越え、融合させていくのか、これからの大きな課題である。なお、養成段階でも、現在は、保育士、幼稚園教諭がそれぞれ福祉職、教育職としての実習を別々に実施している。今後は幼保連携型認定こども園で福祉と教育が融合した実習を行うことが必要であり、そのためのガイドラインづくりも求められる。

国際的視点からいえば、子ども・子育て支援制度の創設により、わが国は、保育所と幼稚園

（4）特定教育・保育施設及び特定地域型保育事業の運営に関する基準第六条第一項は、「特定教育・保育施設は、支給認定保護者から利用の申込みを受けたときは、正当な理由がなければ、これを拒んではならない」と規定しており、この入所の応諾義務が、建学の理念に基づく選考を大切にする学校法人立幼稚園の子ども・子育て支援制度参入をためらわせる一因となっているようである。

（5）たとえば、特定教育・保育施設においては、被虐待児童やひとり親家庭児童は入所の最優先順位となり、また、保護者からの苦情に対応するシステムを必置とするなど福祉的視点に立つ運営が求められることとなる。さらに、保育所（幼保連携型認定こども園は任意）には、たとえば、台風時の休園、インフルエンザ流行時の学級閉鎖等の規定がなく、保護者の就労や福祉を保障する観点も重視されている。

の二元体制から幼保連携型認定こども園への一元化に舵をきったことになる。今後は、できる限り、既存の保育所や幼稚園が移行しやすく、包括的で一元的な制度に近づく体制の整備に努めていくことが必要とされる。保育所と幼稚園の二元体制を前提として命名された「幼保連携型認定こども園」という名称そのものの改正も必要とされるであろう。

3　社会福祉法人改革と共生社会づくり

二〇一六年三月の社会福祉法改正により二〇一七年度から、本格的に社会福祉法人改革がスタートする。その内容は、

①法人ガバナンスの強化　→　理事会、評議員会の改革
②事業運営の透明性の向上　→　ホームページの充実、運営の公開、第三者評価の推進
③財務規律の強化
④地域における公益的な取組の義務化　→　地域のための活動の必要性
⑤行政関与の在り方の充実　→　都道府県が広域的な取組として市の法人監督等を支援

などである。

社会福祉法人制度は、そもそも社会福祉事業を行う者に公金を投入することができるように

するために、社会福祉事業法（一九五一年）によって創設された法人制度である。また、地域の社会福祉問題に先駆的に取り組むミッションに対して、税制優遇制度などが継続している。しかし、社会福祉法人が補助金事業のみに取り組み、地域の福祉課題に積極的に取り組む姿勢を失い、かつ、優遇されている税制等を背景として一部法人における内部留保が問題となり、さらに、親族が理事を占め、評議員会もないなどその運営が不透明な法人があるとの批判を浴びることとなり、前記五点の改革が実施されたものである。

特に、序章で述べたとおり、子ども家庭福祉分野の「地域における包括的・継続的支援」の充実にとって、社会福祉法人の地域公益活動の可能性は大きいといえる。一つの法人での展開には限界があったとしても、複数法人の協力にＮＰＯや地域組織、ボランティアが関わったプラットフォームを形作ることによる展開の可能性は高いといえるだろう。高齢者分野や障害者分野の法人がもつ資源と子ども家庭福祉・保育分野の事業体が有するノウハウが協働する意義は大きいといわねばならない。

課題は、社会福祉法人が共生社会づくりという本来の機能に目覚めることができるかという点である。社会福祉法人が時代とともに補助事業のみに注力するようになり、その隙間を埋めるかのように特定非営利活動法人が先駆性を発揮するようになって久しい。いわばお株をとられたわけであり、社会福祉法人の存在意義が問われていると理解しなければならない。それが、共生社会づくりの鍵となる。

4　子ども・子育て支援制度の見直しについて

子ども・子育て支援制度が創設されて二年が過ぎた。次年度は中間評価の時期であり、その後五年後の見直しが続く。ここでは、筆者が緊急に必要と考えている論点について、いくつか簡潔に提示しておきたい。

保育士、保育教諭のキャリアパスについて

平成二九年度、保育士の経験、研修受講（平成二九年度は研修受講要件は課されない）を要件とする処遇改善が実施されることとなったが、これは厳密な意味でキャリアパスではない。まず、この制度に基づく処遇改善の財源は公定価格に反映されることとなるため、公設公営施設には反映されない。また、従来からの主任保育士を含め新たに創設される副主任保育士や専門リーダー、職務分野別リーダーともに、いわゆる法令に規定される職種ではなく、あくまで各法人が発令するものにすぎない。さらに、発令は専門職（たとえば専門リーダーが「保育士」資格保持者でなければならないという規定はない）に限定されるものではなく、また、調理員等他の職員の

処遇改善にその財源の一部を活用することも可能な仕組みとされる。

さらに言えば、処遇改善の全体となる研修は都道府県実施が原則とされるが、都道府県に実施義務が課されるわけでもない。また、公定価格には都道府県、市町村の負担が入り、研修も都道府県負担が二分の一入るため、国の財源確保のみでは都道府県格差が出る可能性もある。

こうした制度は、真の意味でのキャリアパス、キャリアラダーではない。法人がキャリアパス・システムを採用する場合に、それを応援する仕組みでしかない。真のキャリアパスとするためには、こうした職種を、たとえば児童福祉施設の設備及び運営に関する基準に保育所の職種としてその業務を定めていくことなどが求められる。このようにすることで、公設公営保育所にも適用できる真のキャリアパスとすることができる。なお、こうしたシステムは児童養護施設等の社会的養護関係施設や放課後児童クラブにも創設されることとされており、同様の対応がなされることが必要である。

幼保連携型認定こども園への移行を促進する仕組みについて

前述したとおり、現状の子ども・子育て支援制度においては、幼保連携型認定こども園が普及するためのインセンティヴが盛り込まれていない。それどころか、幼保連携型認定こども園への認可替えを公定価格自体が阻害することすら起こっている。さらに、待機児童の多い自治体では待機児童解消を優先し、幼保連携型認定こども園への認可替えをためらうこともあると仄聞している。

前述したとおり、幼保連携型認定こども園の創設は、わが国が幼保一元化に舵を切ったことを国の内外に示すことでもあり、現在の幼保三元化の定着、都道府県格差は解消されていかなければならない。自然の流れに任せるといったことではなく、事業者の認可替えを阻害する要因を取り除き、幼保連携型認定こども園への移行を促進する仕組みにしていくことが必要とされる。

企業主導型保育事業の在り方について

政府は企業主導型保育事業を創設し、それらにより五万人分の保育の受け皿整備を進めている。内閣府によると、二〇一六年度助成決定第九回目までで三五八か所が設置ないしは設置予定とのことであり、定員計は八八四五人であるという。その多く（二八九か所）は待機児童解消加速化計画策定自治体であるが、待機児童がゼロの市町の設置も一五パーセント（五三か所）あり、その多くが地域枠の設定を行っている。また、政府は、企業主導型保育事業にインセンティヴが働く仕組みを創設して、その普及を図っている。

前述したとおり、企業主導型保育事業は地域型保育事業と異なり、市町村の認可を要せず運営基準も適用されない。保育士は半数以上とされ、さらに、地方自治体の監督が及びにくい仕組みとなっている。本事業はもともと待機児童解消のための緊急やむを得ない対策として創設されたものであり、このような事業が待機児童の存在しない自治体に広がっていくことは、保育の質を低下させる事態を招来する懸念がある。

繰り返すが、保育は養護と教育を一体として行う幼児期の教育活動であり、かつ、子どもの生命の保持と情緒の安定を図る営みである。そうした専門性の高い業務であるため、保育士という国家資格を持つ人材によって行われることとされているのである。それが、緊急事態とは言えない待機児童ゼロの自治体にまで広がっていくことが、果たして望ましいことなのであろうか、疑問を禁じ得ない。また、それらの事業所において、保育士の名称独占規定はどの程度担保されているのであろうか。また、利用者に知らされているのであろうか。企業主導型保育事業の実情について、詳細な評価が必要とされる。

ここでは、本書でこれまで取り上げてこなかった事項を三点提示したが、これまで取り上げてきた幼保資格・免許の見直し、保育士資格の在り方の検討、幼児教育センターにおける幼児教育アドバイザーの在り方、保育教諭の実習など養成の在り方なども含め、特に保育の質をめぐる課題の評価と検討は必須のことであろう。待機児童問題への対処と保育の質の向上という連立方程式の解を見つけていかねばならない。

5 事業運営の透明性の確保、質の向上と第三者評価

第三者評価が広がらない。第一者評価（事業者の自己評価）、第二者評価（利用者評価）をふまえた第三者評価の在り方が問われなければならない。第三者評価の社会的意義は、納税者（利用者）への説明責任、質の向上、情報公開、サービス選択に資することの四つである。特に社会福祉法人立の事業では情報公開を進めることも大事であり、福祉人材の待遇向上なども考慮に入れれば、人件費比率の公開なども必要ではないだろうか。

数年前に義務化された社会的養護関係施設第三者評価は、現在、二順目に入っている。当初は評価調査者に素人が多いという意見など反対も多かったが、三年間ですべての施設が受審した。評価調査者に素人が多いということは、社会的養護がそれだけ社会に開かれていないことを証明しているわけであり、それを社会的養護関係者が批判することは的を射ていない。実際、すべての施設が第三者評価を受審したことにより、現場にも評価調査者にも理解が広がったようである。今後も相互の学び合いにより理解が深まっていくことが、社会的養護を社会に開くことにつながると考えている。

この点は、保育についても同様であろう。保育所の第三者評価が進めば、保育所の社会的理解は確実に広がる。しかし、法令により第三者評価受審の努力義務が規定され、受審費用の補助がなされているにもかかわらず、受審の動きは鈍い。その結果、二〇一五年三月時点で第三者評価機関は四一〇機関となり、第三者評価事業創設時の七三五機関の六割にまで減少してしまった。もとが取れないため、評価事業者の撤退が進んでいるのである。政府は、保育所について五年で全保育所受審を目標にしているが、第三者評価機関の不足とノウハウの蓄積不足は深刻である。インセンティヴを働かせることが必要とされる。あわせて、幼保連携型認定こども園、児童相談所一時保護所の第三者評価基準ガイドラインの作成が課題である。

6　これからの子ども・子育て支援の座標軸

社会の複雑化とともに、子ども家庭福祉問題は複合化してきている。複合化する子ども家庭福祉問題の解決を志向する理念は、やはり複合的に考えられなければならない。これまでの子どもの最善の利益を図る公的責任論のみでは、子ども家庭福祉の理念、原理を説明することはできない。それを補完する原理の一つが社会連帯であり、二〇一五年度から創設されている子ども・子育て支援制度がその具現化されたシステムであるといえる。

子ども・子育て支援制度の創設は、利用者主体の視点や当事者の権利性を重視した仕組みの導入であるといえる。子ども・子育て支援法は、その理念について、「子ども・子育て支援は、父母その他の保護者が子育てについての第一義的責任を有するという基本的認識の下に、家庭、学校、地域、職域その他の社会のあらゆる分野におけるすべての構成員が、各々の役割を果たすとともに、相互に協力して行われなければならない」（第一条）と述べており、社会全体での子ども・子育て支援を強調している。子ども・子育て支援制度の創設により特に保育サービスの利用者が急増したことは、それだけ利用者の潜在的ニーズがあったことの証左でもある。しかし、だからといって、それによって子どもの最善の利益が損われることがあってよいわけではない。まさに「社会的養育」の在り方そのものが問われているのである。児童福祉法は子ども・子育てに対する「公」による責務を強調しており、児童福祉法と子ども・子育て支援法が相まって、子ども家庭福祉が推進される。

筆者が繰り返し述べていることは、これからの子ども家庭福祉の理念に深く関わる座標軸が以下の四つということである。第一は、「子どもの最善の利益」であり、第二は、それを保障するための「公的責任」である。第三は、人と人とのゆるやかなつながり、協働をめざす「社会連帯」である。そして、最後に、「子どもの能動的権利の保障」、すなわち、子どもの権利に影響を与える事柄の決定への参加の保障があげられる。このいわゆる公助と共助の視点に、互助や市場に基づくサービス供給体制の多元化をどのように組み込んでいき、かつ、社会的排除（ソーシャル・イクスクルージョン：social exclusion）をなくしていくことができるかが検討課題となる。つまり、公助、共助、互助、自助の最適ミックスによって社会的包摂（ソーシャル・インクルージョン：social inclusion）を指向して共生社会を創出する歩みが、今、もっとも必要とされているのである。

文　献

柏女霊峰『子ども・子育て支援制度を読み解く――その全体像と今後の課題』誠信書房、二〇一五年。

柏女霊峰『子ども家庭福祉論（第四版）』誠信書房、二〇一五年。

柏女霊峰「認定こども園の未来」吉田正幸（監修）、特定非営利活動法人全国認定こども園協会（編著）『NEW 認定こども園の未来――保育の新たな地平へ』フレーベル館、二〇一六年。

厚生労働省・新たな福祉サービスのシステム等のあり方検討プロジェクトチーム「誰もが支え合う地域の構築に向けた福祉サービスの実現――新たな時代に対応した福祉の提供ビジョン」二〇一五年。

初出一覧

序　章

柏女霊峰「共生社会創出のための子ども家庭福祉サービスを考える」『経営協』第三九四号、二〇一六年、四-五頁。

柏女霊峰「（インタビュー）新たな一歩を踏み出す『子ども家庭福祉』」全国里親会編『里親だより』第一〇九号、二〇一六年、四-五頁、ほか加筆。

第1章

柏女霊峰「第一章　子ども・子育て支援制度の概要」柏女霊峰『子ども・子育て支援制度を読み解く――その全体像と今後の課題』誠信書房、二〇一五年。

柏女霊峰「子ども・子育て支援制度の概要と意義・課題」日本子育て学会（編）『子育て研究』第六巻、二〇一六年、六-一三頁、ほか加筆。

第2章

柏女霊峰「児童福祉法と児童憲章から見つめなおす保育の未来（日本保育協会主催・第三〇回保育を高める研究集会シンポジウム資料）」二〇一六年、二〇-二九頁、ほか加筆。

第3章

柏女霊峰「待機児童問題の隠れた課題――保育士資格のあり方」『健康保険』第七〇巻第七号、二〇一六年、二〇-二三頁、ほか加筆。

第4章
柏女霊峰「法令からみた乳幼児期の『保育』と『教育』」『保育通信』第七三〇号、二〇一六年、四-一〇頁、ほか加筆。
第5章
柏女霊峰「第五章　利用者支援事業」柏女霊峰『子ども・子育て支援制度を読み解く――その全体像と今後の課題』誠信書房、二〇一五年。
柏女霊峰「子ども・子育て支援制度と地域子育て支援」厚生労働省雇用均等・児童家庭局母子保健課編集協力『母子保健情報誌　創刊号』日本家族計画協会、二〇一六年、二三-二八頁、ほか加筆。
第6章
柏女霊峰「第六章　放課後児童健全育成事業」柏女霊峰『子ども・子育て支援制度を読み解く――その全体像と今後の課題』誠信書房、二〇一五年。
柏女霊峰「放課後児童クラブの過去・現在・未来」『「放課後児童クラブ」の可能性（『児童心理』二〇一六年八月号臨時増刊第一〇二七巻）』金子書房、二〇一六年、一四〇-一四六頁、ほか加筆。
第7章
柏女霊峰「第八章　子ども・子育て支援制度と障害児支援」柏女霊峰『子ども・子育て支援制度を読み解く――その全体像と今後の課題』誠信書房、二〇一五年。
柏女霊峰「障がい児支援――地域の『縦横連携』で各ライフステージを強力に支援」『公明』第一二三号、二〇一六年、三二-三七頁。
柏女霊峰「今後の障害児支援の在り方――インクルーシヴな社会を目指して」『ノーマライゼーション』第三六巻第八号、二〇一六年、一二-一五頁、ほか加筆。

第8章
柏女霊峰「第七章　子ども・子育て支援制度と社会的養護」柏女霊峰『子ども・子育て支援制度を読み解く――その全体像と今後の課題』誠信書房、二〇一五年をもとにその後の動向をふまえて大幅に加筆。

第9章
柏女霊峰「在宅子育て家庭通園保育モデル事業と基本保育制度構想――切れ目のない子育て支援をめざして」『家庭教育研究所紀要』第三七号、二〇一六年、二一-三三頁、ほか加筆。

終　章
書きおろし。

あとがき

序章で述べたとおり、二〇一六年改正児童福祉法の意義は、児童福祉法の理念の見直し、「家庭養護優先の原則」の法定化、切れ目のない支援、児童虐待防止対策のさらなる充実などである。これを受けて、市町村支援拠点の在り方などが厚生労働省において検討されている。支援拠点は民間に委託できることから、その受け皿に期待が集まる。

しかし、限界もある。それは、子ども家庭福祉の〝基礎構造〟に手をつけていないという点である。本書で定義した地域包括的・継続的支援の実施主体は市町村であり、本書で述べてきたとおり、子ども家庭福祉においても市町村が一元的に対応し、児童相談所が後方支援を担う仕組みを検討すべきである。

今後、子ども家庭福祉制度のなかにおいて分野横断的で切れ目のない地域包括的・継続的支援のできる実施体制を実現するためには、以下の論点について議論を深めなければならない。

①現在の二元体制の論拠とされている「専門性・効率性」VS「地域性・利便性・一体性」

を克服し、その整合性を確保するための論拠をどのように考えるか。両者を一元的体制で両立させることはできないのか。
②子ども家庭福祉分野における「地域包括的・継続的支援体制」をどのように考えるか。
③分野横断的な「新しい地域包括支援体制」が提案される状況下にあって、子ども家庭福祉分野における体制はそれに向けてどうあるべきか。
④子ども家庭福祉分野における地域包括支援体制、分野横断的な地域包括支援体制をめざすとすれば、特定分野ごとの支援理念や支援用語、文化の相違をどのように克服するか。
⑤その際の専門職の在り方、再構築はどのようにあればよいか。
⑥子ども家庭福祉サービス利用の在り方について、子どもの意向、親権者（未成年後見人を含む）の意向、公的機関の意向の三者の意向調整、並びに司法判断の可否等についてどのように整理すればよいか。

また、子ども家庭福祉分野における支援拠点の在り方の検討も重要な課題である。市町村による地域包括的・継続的支援体制の構築は、その核となる公立、民間機関・施設の存在が鍵となるからである。地域のなかに、子ども家庭福祉分野横断的なワンストップにつながる核となる拠点を整備しなければならない。また、ソーシャルワークの手法も、個別分野ごとの手法ではなく、たとえば、ジェネラリスト・ソーシャルワークなどがその基礎として確立され、機能していくことが必要とされる。

子ども家庭福祉分野の地域包括的・継続的支援相談体制の確立は、こうしたマクロ、メゾ、ミクロの課題をいかに克服していくかにかかってくる。さらにいえば、将来的には、高齢者、障害者、子ども家庭の三分野横断的な福祉システムの構築も視野に入れていく必要があるであろう。そのためには、私たち子ども家庭福祉に携わる者が、共生社会を創出するという強いミッションをもち続けなければならない。

なお、本書で提示した「社会的養育」の概念整理や、子どもの最善の利益を根底に据えたその在り方の検討も、今後の大きな課題となる。それは子ども家庭福祉に固有の視点となるであろう。

本書は、少子高齢化が顕著に進展していく大きな時代の変わり目にあたり、子ども・子育て支援制度創設後の子ども・子育て支援の方向性を分野横断的に考察したものである。「地域包括的・継続的支援」や「社会的養育」の在り方という新しい概念も提起しているが、いずれも中途半端なままの提示となっている。しかし、方向性は示せていると考えている。今後、こうした概念を明確化させる原理論にも取り組んでいきたい。

本書は、筆者にとって一三冊目の単著である。前著『子ども家庭福祉・保育の幕開け――緊

急提言　平成期の改革はどうあるべきか』（誠信書房、二〇一一年）並びに『子ども・子育て支援制度を読み解く――その全体像と今後の課題』（誠信書房、二〇一五年）同様、時代とともに走りながら考察した著作であるが、より一定の方向を示せたのではないかと考えている。以上の三冊を、これからの子ども家庭福祉を考える三部作としてご一読いただければうれしく思う。なお、本書は、前著『子ども・子育て支援制度を読み解く』を下敷きとして考察を進めているため、本書と前著の重複部分が多くなっていることをお断りしておきたい。

本書の作成にあたっては、ミネルヴァ書房の西吉誠氏に大変お世話になった。特に、うろ覚えのまま引用した根拠資料を丹念に調べなおしていただき、貴重なご指摘をいただいたことは感謝に堪えない。また、時代の流れのなかでの社会福祉全体の方向性についてもご示唆いただいた。こうした優れた編集者との共同作業により本書が生まれたことに感謝したい。

最後に、私事ながら、難病の妻の介護を続けながらこの著作を続けてきたことも本書を特徴づけている。可能な限り住み慣れた地域で在宅介護を続けたいという思いが、子ども家庭福祉にもそのような体制をつくりたいというミッションを強固にしてくれた。妻・弘子を囲む子どもたち・家族、義姉夫婦とその両親、母その他の親族たち、友人や教え子たち、心強い介護サービス事業所の方々、近所の人たち。妻がもたらしたこうした人たちとのゆるやかな絆が、ともすると追いつめられがちな介護生活を豊かにしている。貴重な縁を結んでくれた妻に感謝するとともに、子ども家庭福祉もこのようにありたいと願っている。

二〇一七年二月

柏女霊峰

《著者紹介》

柏女霊峰（かしわめ・れいほう）

1952年福岡県生まれ。1976年東京大学教育学部教育心理学科卒業後，1976～1986年千葉県児童相談所において心理判定員として勤務。1986～1994年厚生省児童家庭局企画課勤務（1991年４月より児童福祉専門官），1994年淑徳大学社会学部助教授を経て，現在。

現　在：淑徳大学総合福祉学部教授・同大学院教授，臨床心理士，石川県顧問，浦安市専門委員，厚生労働省社会保障審議会社会的養護専門委員会委員長，内閣府子ども・子育て会議委員，東京都子ども・子育て会議会長，東京都児童福祉審議会副会長，流山市子ども・子育て会議会長　など。

主　著：『子ども家庭福祉サービス供給体制』中央法規出版，2008年
『子ども家庭福祉論』誠信書房，2009年
『子ども家庭福祉・保育の幕開け』誠信書房，2011年
『子ども・子育て支援制度を読み解く』誠信書房，2015年
その他，多数。

これからの子ども・子育て支援を考える
——共生社会の創出をめざして——

2017年４月10日　初版第１刷発行　〈検印省略〉

定価はカバーに
表示しています

著　者　柏　女　霊　峰
発行者　杉　田　啓　三
印刷者　中　村　勝　弘

発行所　株式会社　ミネルヴァ書房
607-8494　京都市山科区日ノ岡堤谷町１
電話代表（075）581-5191
振替口座　01020-0-8076

中村印刷・清水製本

ISBN978-4-623-08019-9

Printed in Japan